Faut-il se quitter
pour vivre heureux?

Faut-il se quitter pour vivre heureux?

Philippe Gigantès

ÉDITIONS rd

DIFFUSION:

Canada:
Dimedia, 539 Boulevard Lebeau,
Saint-Laurent, Québec
☎514-336-3941 FAX 331-3916

France-Belgique:
C.E.D. Diffusion, 72, Quai des Carrières, 94220 Charenton
☎1-43-96-46-36 FAX 49-77-06-91

Suisse:
Diffulivre, 39-41, rue des Jordils, 1025 Saint-Sulpice
☎21-691-5331 FAX 691-5330

Des particuliers ou des groupes peuvent commander ce
livre aussi de l'éditeur, dans l'éventualité où il n'y aurait
pas de librairie à proximité. Pour toutes informations
supplémentaires, téléphoner sans frais au 1-800-481-2440.

Dépôts légaux, 1er trimestre 1995,
Bibliothèques nationales du Québec, du Canada,
de France et de Belgique

*À mes séparatistes bien-aimés de Québec,
la moitié de ma famille, ma belle-sœur,
son mari, leurs trois merveilleux garçons
et leur incomparable fille.*

Je tiens à remercier Michel Rochon. Son cerveau et son dévouement d'ami fidèle ont beaucoup contribué à l'écriture de ce livre. Je remercie aussi Mme Diane Doucet pour toutes les recherches qu'elle a faites.

TABLE DES MATIÈRES

INTRODUCTION 11

CHAPITRE 1: En Histoire il y a toujours des histoires . 20

CHAPITRE 2: Néanmoins, Chaput était séparatiste . . . 41

CHAPITRE 3: Les guerres constitutionnelles 59

CHAPITRE 4: Les guerres de propagande 77

CHAPITRE 5: La troisième période 99

   Le pire scénario 109

   Le meilleur scénario 116

   Le scénario probable 125

CONCLUSION 128

ANNEXE A
Le projet constitutionnel de Victoria 131

ANNEXE B
Allocution de P.E. Trudeau à l'aréna Paul-Sauvé
le 14 mai 1980 136

NOTES 154

INTRODUCTION

Dès les premières pages de ce livre, il est clair que d'après moi les Québécois peuvent réaliser tous leurs rêves à l'intérieur du Canada, qui a toujours su évoluer et évolue toujours. M. Parizeau aime décrire le système canadien comme étant le *statu quo;* et il entend suggérer par ces deux mots latins un état de choses qui ne change pas, où rien ne progresse. C'est brillant comme propagande: les trois syllabes sta-tu-quo évoquent quelque chose de sta-ti-que. Mais le fédéralisme canadien est un système dans lequel le Québec a pu changer constamment et changer pour le mieux, à grande vitesse; un système qui permet aux Québécois de tout faire au sein du Canada. Tout au long de ce texte, j'en donnerai les preuves. Forcément, ces preuves réfutent certaines attaques contre des fédéralistes québécois. Mon but n'est pas de faire l'apologie de ces personnes, mais simplement de dire toute la vérité.

Et je n'ai pas l'intention d'attaquer le nationalisme qui est une constante de l'histoire du Québec depuis la conquête. C'est un élément essentiel de notre vie collective. Nous n'avons pas à nous en excuser. Ce n'est pas une passion blâmable ou un vice honteux. Pour la grande majorité des Québécois, le nationalisme n'est pas une manifestation de haine (du type qu'on rencontrera dans le chapitre 5); pour la grande majorité des Québécois, le nationalisme est une saine affirmation de leur identité, de leur merveilleuse capacité de survivre. C'est une expression de notre volonté de nous affirmer et de faire face à la concurrence d'où qu'elle vienne. Quand nous en avons ainsi décidé, nous avons brillamment réussi à relever les défis dans tous les domaines.

Ce n'est pas, non plus, inusité ou pervers si quelques Québécois, même des Québécois fédéralistes, conservent un souvenir amer de la conquête, aussi peu brutale fût-elle pour son temps. Les Grecs ont des souvenirs amers non seulement de leur conquête par les Turcs au XVe siècle, mais d'avoir été aussi abandonnés par des alliés comme la France et l'Angleterre, de s'être fait promettre Chypre durant la Deuxième Guerre mondiale par les Anglais, qui ne tinrent pas cette promesse.

La question à laquelle on doit répondre au référendum, quels que soient les mots qui l'expriment, touche à toutes ces choses, à tous les souvenirs bons ou mauvais, aux progrès qu'ont faits les Québécois au sein du Canada. Peuvent-ils continuer à faire preuve d'autres réussites au sein du Canada? Ces réussites seraient-elles suffisantes pour convaincre une majorité de Québécois que rester au sein du Canada ne serait pas si mal, serait mieux que l'inconnu de la séparation? La décision que nous sommes appelés à prendre au référendum que propose M. Parizeau ne peut être prise que si l'on se dit toute la vérité. Trop souvent, si on ose faire ce que je compte faire dans les pages qui suivent, on se fait accuser de "terrorisme verbal". Est-ce que les gens d'affaires québécois font du terrorisme verbal quand ils répondent à 88 % qu'ils voteront NON au référendum parce que "l'indépendance" aurait des effets très négatifs sur le Québec? (Voir les détails à la fin du chapitre 5).

Je vais présenter les faits sans détour, sans ménagement ni méchanceté; je prie le lecteur de les juger froidement, sans complaisance ni rancune. Sans rancune, car quoi qu'il arrive au Québec, nous tous Québécois, autant que nous sommes, allons continuer de vivre ensemble. Je veux que ce soit dans la paix et dans l'amitié. Ce qui veut dire que lorsqu'on parle du Québec, de son sort, il faut le faire avec respect. C'est ce que je compte faire.

Et il faut en parler, de ce Québec qu'on aime, avant de décider de son sort; parler des souvenirs, des rêves, des jours de gloire, des cicatrices laissées par les malheurs, des cris d'alarme et des pardons, des découvertes d'amis nouveaux qui ont vécu les mêmes peines et les mêmes allégresses. Mais dès qu'on prononce les mots que je viens de dire, on sombre dans les statistiques: combien de malheurs comparés aux allégresses; par qui a-t-on été lésé et combien de fois? Il faudra parler de tout ça — et je le ferai avec précision.

C'est par souci de précision aussi que je ne parle pas de souveraineté mais de séparation. Il y a 30 ans, Marcel Chaput écrivait un livre clé pour ceux qui veulent que le

Québec se sépare du Canada. Le titre était: *Pourquoi je suis séparatiste* — et il décrivait ainsi ce que voulait un séparatiste, ce qui le définissait:

> "ramener les (millions) versés en impôts d'Ottawa à Québec ..." (p. 98)

> "... tant que le Québec ne pourra pas légiférer en matière de monnaie, de banque, d'impôt, d'importation et d'exportation, l'économie québécoise restera aux mains des étrangers ..." (p. 89-90)

> "C'est afin de signer tous les traités, toutes les bonnes ententes qu'il nous sera utile de signer ... que nous voulons l'indépendance ..." (p. 128)

La définition du séparatisme n'a pas changé depuis 1960. Le Conseil exécutif national du Parti québécois publiait, en 1993, un livre intitulé: *Le Québec dans un monde nouveau.* À la page 62, il est écrit:

> "La souveraineté du Québec signifie que:

> "tous les impôts perçus au Québec le seront par l'État québécois ou les administrations qui en dépendent;

> "toutes les lois qui s'appliquent aux citoyennes et aux citoyens québécois et sur le territoire québécois émanent de l'Assemblée nationale du Québec;

"tous les traités, conventions ou accords internationaux sont négociés par les représentants de l'État québécois et entérinés par l'Assemblée nationale du Québec."

Pour expliquer aux États-Unis quel était son but politique, M. Lucien Bouchard citait le texte précédent du livre du PQ et disait qu'il s'agissait bel et bien de séparer le Québec du Canada. Il a même utilisé le mot sécession. Voici ses mots:

" ... I had to explain why we have in Canada, in the House of Commons, an Official Opposition Leader who happens to be supporting the sovereigntist cause of Quebec, which is a separatist cause. We are a party whose main cause, whose main justification is the fact that we think Quebec should *secede from Canada, should get out of the federation*" (*The Globe and Mail,* 2 mars 1994, page A1).

Ce texte anglais fut traduit par Marcel Adam comme suit:

"... Bouchard devait expliquer aux Américains pourquoi il appuie la cause de la souveraineté du Québec, qui est une cause séparatiste ... La mission principale ... de notre parti repose sur la conviction que le Québec devrait faire *sécession du Canada, qu'il devrait quitter la fédération.*"

"... Pour se justifier d'être plus franc à l'étranger que chez lui, Bouchard a expliqué que, dans la langue anglaise, le mot séparatiste est plus clair que le terme souverainiste" (La Presse, 5 mars 1994, page B 2).

Quelques jours plus tard, devant un groupe d'hommes d'affaires rassemblés à Montréal, M. Parizeau faisait siens les mots jusque-là tabous de séparatisme et de sécession. On devrait remercier MM. Bouchard et Parizeau d'avoir appelé les choses par leur nom. Ceci a permis à tout le monde de s'exprimer plus clairement. Par exemple, entre les six mois précédant le discours de Lucien Bouchard à Washington et les six mois suivant cette date, l'utilisation du mot séparatiste (isme) a augmenté de 87 % dans l'ensemble des journaux du Québec, passant de 3 517 à 6 502. L'utilisation du mot sécession a augmenté de presque 400 % durant la même période.

Ce n'est pas seulement dans la langue anglaise que le mot séparatiste est plus clair que le mot souverainiste, mais en français aussi. Les sondages sont formels à ce sujet: un grand nombre de Québécois ne comprennent pas que les mots "faire la souveraineté du Québec" veulent dire que le Québec devrait faire sécession du Canada, qu'il devrait quitter la fédération.

Le sondage rapporté dans *La Presse* du 26 janvier 1995 (10 000 répondants) confirme cette confusion encore une fois, s'il en était besoin. Lorsqu'on leur demande s'ils sont en faveur de la loi sur la souveraineté, 46 % des Québécois disent oui et 54 % disent non. Lorsque, plutôt, on leur demande s'ils veulent que le Québec se sépare du Canada et devienne un pays indépendant 40 % disent oui et 60 % disent non. Dans ce même sondage, on a demandé:

"Laquelle de ces deux questions devrait selon vous être la question à poser lors du prochain référendum au Québec:

a) Êtes-vous en faveur de la loi adoptée par l'Assemblée nationale déclarant la souveraineté du Québec?

b) Voulez-vous que le Québec se sépare du Canada et devienne un pays indépendant?

Seulement 25 % des répondants voulaient qu'on leur pose une question sur la souveraineté; 62 % préféraient qu'on leur pose carrément la question: oui ou non voulaient-ils que le Québec se sépare du Canada? Les Québécois savent que c'est bien de séparation que parle l'avant-projet de loi de M. Parizeau; ils semblent vouloir qu'on en parle clairement.

Il nous faut sortir de ce bourbier d'imprécision dans lequel même Pierre Bourgault s'est enlisé. Dans son livre *Maintenant ou jamais* (Stanké, 1990), Bourgault ridiculise toutes suggestions comme les solutions à l'européenne, la superstructure de M. Bourassa, les fédéralismes asymétriques, condamne sans pitié René Lévesque et le "concept flou de souveraineté-association", peste contre l'imprécision du mot souveraineté et exige qu'on parle clairement et sans ambages d'un Québec indépendant séparé du Canada. Mais il estime cependant qu'un référendum devrait poser deux questions:

1) Voulez-vous que le Québec devienne un pays souverain?

2) Voulez-vous que le Québec souverain soit dans la mesure du possible associé économiquement au Canada?

Je vais suivre le conseil de Pierre Bourgault. Je vais éviter l'imprécision tout au long de ce livre et parler de séparation. Nous nous devons toute la vérité.

Il faudra prendre tous les arguments, l'un après l'autre, dans l'ordre qu'impose la logique. La décision à laquelle nous faisons face est trop importante pour qu'on puisse se permettre de sauter des étapes dans notre réflexion.

Je ne suis pas de ceux qui se préoccupent de savoir si le projet de M. Parizeau est légal ou non. Certes, ce projet n'est pas dans le cadre de la loi qu'est la Constitution canadienne; donc il n'est pas constitutionnel. Cependant, si une majorité indéniable de Québécois répondait OUI à la question référendaire, nous aurions choisi la séparation. Éventuellement (et non sans difficultés, comme on le verra dans le chapitre 5), un Québec indépendant serait reconnu par d'autres pays, ce qui serait une formalité sans aucune importance pour la vie quotidienne des Québécois. Mais il resterait beaucoup d'autres choses à régler.

CHAPITRE 1

EN HISTOIRE,
IL Y A TOUJOURS
DES HISTOIRES

Monsieur Parizeau dit qu'un peuple normal devrait avoir un pays normal. Nous avons vu que, pour M. Lucien Bouchard, ceci veut dire que sa "...mission principale... repose sur la conviction que le Québec devrait faire sécession du Canada, qu'il devrait quitter la fédération...". C'est bien ce que disait M. Bouchard à Washington en mars 1994. Donc, quelle que soit la formulation de la question référendaire, nous, les Québécois, aurons, en effet, à décider si nous voulons quitter le Canada de façon définitive sans députés à Ottawa. C'est ce qui arriverait exactement un an après un OUI au référendum, qu'il y ait entente ou non avec le reste du Canada sur la préservation de nos liens économiques réciproques. C'est ce que promet M. Parizeau.

Mais il y a deux questions préalables. Avant de décider si on doit quitter le Canada ou non, on devrait se demander premièrement si on y est opprimé. Dans leur Déclaration d'Indépendance, les États-Unis d'Amérique disaient ceci:

"... Le respect de ce que pense l'humanité, exige que (ceux qui veulent se séparer) déclarent les causes qui les poussent à la séparation ... Certes, la simple prudence veut que des gouvernements établis depuis longtemps ne soient pas changés pour des raisons légères et passagères... Mais c'est leur droit, c'est leur devoir de se débarrasser d'un gouvernement, quand une longue série d'abus reflète l'intention de soumettre (les citoyens) à un despotisme absolu[1]...".

Et si on répond que nous, les Québécois, ne sommes pas opprimés au sein du Canada, il faudra nous poser la deuxième question préalable à la question sur la séparation: "Est-ce qu'il fait bon vivre, quand même, pour les Québécois, au sein du Canada?"

Ce sont là les vraies questions. La normalité ou non d'un pays n'a rien à voir. La définition de la normalité d'un pays que donne M. Parizeau n'en est qu'une, et encore pas la plus commune. Il y a d'autres normalités comme celles de la Suisse, des États-Unis et combien d'autres, des fédérations avec des variétés de langues et même d'ethnies. Quand il s'agit de définir un pays, les "normalités" sont nombreuses.

La normalité englobe aussi la France, pays qui se dit unitaire avec un peuple dominant. Peut-être est-ce bien naturel que les Québécois francophones pensent au modèle français quand ils pensent à un pays normal. Mais que le modèle français soit normal ne veut pas dire que d'autres modèles, ceux des pays fédérés par exemple, soient anormaux.

Un des arguments en faveur de la séparation est que, si les Québécois avaient leur propre pays indépendant, unitaire et donc "normal", ils seraient libérés des querelles de juridiction entre les paliers de gouvernement du Canada. Mais la France, un pays unitaire et non fédéré, a quatre paliers de gouvernements élus: communal, départemental, régional et national. Et la chicane juridictionnelle est incessante. Il y a toute une tradition littéraire en France qui a produit des livres avec des titres comme *Paris et le désert français*... Les grandes capitales régionales français, comme Lyon, livrent une guerre farouche à Paris dans le domaine des juridictions, *à la canadienne.* Ce qui n'est pas nécessairement mauvais.

L'économiste Albert Breton démontrait, dans le rapport de la Commission royale MacDonald, que cette sorte de rivalité entre paliers de gouvernement est aussi normale et nécessaire que la rivalité entre différentes entreprises: elle améliore la qualité et l'efficacité des services publics. Les monopoles nous coûtent cher, en politique comme en affaires.

Toute cette discussion très byzantine sur la définition d'un pays normal ne passionne pas le commun des mortels. Ce n'est pas que le citoyen normal soit indifférent à la qualité et aux structures du pays dans lequel il vit; cependant, foncièrement, c'est son bien-être personnel qui lui importe avant tout. Est-ce que la société dans laquelle vit le citoyen est une bonne démocratie où le bien-être de l'individu l'emporte sur les ambitions des élites politiques et bureaucratiques?

Un individu, pour être un individu, a besoin de liberté; toutefois, il ne peut jouir de cette liberté que dans le contexte d'une société; et une société a besoin d'ordre — d'où conflit entre la liberté de l'individu et l'ordre que lui impose la société. Par conséquent, comme le remarque le philosophe Bertrand Russell, dans l'introduction à son *Histoire de la philosophie occidentale,* les sociétés humaines oscillent entre le danger de dissolution à cause d'excès de liberté individuelle, et d'ossification à cause de l'ordre excessif imposé par la société.

L'équilibre acceptable entre la liberté individuelle et l'ordre exigé pour une vie en société est difficile à établir et varie selon les circonstances et les individus. Il y a toujours eu des tentatives de définir cet équilibre, de définir quelle société conviendrait au plus grand nombre, quel pays devrait-on avoir. Les écrits d'Aristote, de Montesquieu, de Rousseau, la Déclaration d'Indépendance des États-Unis, la Charte québécoise des droits, tous ces textes maintiennent que dans une bonne société l'intérêt de l'individu l'emporte sur celui des élites politiques ou bureaucratiques[2].

Une phrase de la Charte québécoise des droits est très significative: *"La Charte lie la Couronne."* C'est-à-dire, les droits de l'individu, son bien-être, l'emportent sur ceux de l'État et de ses élites politiques et bureaucratiques. Il ne faut pas que le citoyen perde de vue cette qualité inhérente à une bonne démocratie, et il ne doit jamais laisser ses élites l'oublier non plus, comme elles ont tendance à le faire, hélas! bien trop souvent.

La raison pour laquelle des auteurs tels qu'Aristote, Rousseau, etc., parlent des besoins de l'individu, de la primauté de ses besoins, est que c'est la manière de parler *aux* individus quand il s'agit de leur *vendre* une quelconque organisation de leur société: on organise la société pour servir les besoins des individus et non pas les besoins des dirigeants de cette société.

Quand on se demande si le Québec devrait oui ou non se séparer du Canada, on se demande, en fait, si le Canada est un pays où l'équilibre entre la liberté et l'ordre est acceptable; un pays où "...le gouvernement est établi par les hommes afin d'assurer leurs droits ..." (Déclaration d'Indépendance des États-Unis, 2e paragraphe). Le Canada est-il donc une démocratie où il fait bon vivre pour les Québécois francophones? (Parce que c'est autour de ces francophones que s'articule le débat de la séparation.)

Mais avant d'en arriver au débat sur la séparation, nous ne pouvons éviter de porter un regard sur le passé. Comment les Québécois sont-ils arrivés là où ils en sont aujourd'hui? Il faut défricher l'Histoire parce qu'elle fait pousser de mauvaises herbes; le grand historien américain Will Durant a dit de l'histoire qu'elle est surtout de la mythologie enrobée de quelques faits (*L'Histoire de la civilisation,* tome 1, Introduction).

Il y a toujours des gens qui sont les produits dérivés de mythologies caractéristiques de l'histoire de toutes les ethnies, comme ces imbéciles de Brockville qui piétinent le drapeau québécois; ou ces idiots, au Forum de Montréal, qui huent le "Ô Canada". Ces gens devraient nous servir d'avertissement. Pas parce que les séparatistes ou les fédéralistes civilisés veulent agir comme des voyous, mais parce que tout changement radical, comme la scission d'un pays, est une sorte de révolution. Même la Révolution française comptait des voyous parmi ses chefs, comme les Robespierre, Saint-Just et Marat.

Afin que les voyous ne l'emportent pas des deux côtés de la rivière des Outaouais, afin qu'on puisse discuter raisonnablement, nous nous devons de les contrer, de les mâter. Pour ce faire, il nous faut comprendre les fantômes, les revenants, les mythes et les faits tragiques qui hantent la mémoire collective de tout peuple et qui enflamment les voyous. Il faut examiner cette oppression qui, d'après certains, fut le sort des Québécois aux mains des Anglais.

Il y eut l'incontournable *grand dérangement,* l'expulsion des Acadiens par les forces britanniques. Sept mille Acadiens furent embarqués sur des bateaux et envoyés soit en France, soit sur le territoire des États-Unis d'aujourd'hui.

D'un point de vue humaniste, cette expulsion fut une atrocité. Le XVIIIe siècle était un siècle très cruel, indifférent au sort des pauvres, des faibles et des vaincus. Les pauvres, en Angleterre, étaient confinés dans des *workhouses,* des locaux non chauffés où ils étaient forcés de travailler très dur pour une bouchée de pain rassis. Un comité parlementaire constatait que de tous les enfants nés dans des *workhouses* entre 1763 et 1765, seulement 7 % étaient encore vivants en 1766[3].

Les seigneurs anglais et écossais expulsaient leur main-d'œuvre agricole et transformaient les fermes en pâturages parce que c'était plus payant. Des dizaines de milliers de paysans, plongés soudainement dans la misère, s'exilèrent en Amérique du Nord.

Et pour qu'on ne pense pas que la cruauté était un monopole anglais, il faut se souvenir que les paysans appuyaient la Révolution française parce qu'ils étaient souvent exploités brutalement par les seigneurs dont ils travaillaient les terres. Les ouvriers étaient opprimés. Ceux des fabriques de soie à Lyon, en 1786, firent la grève parce qu'ils n'étaient pas suffisamment rémunérés pour nourrir leurs familles. Un bataillon d'artillerie ouvrit le feu, et ce fut le massacre — ce triste épisode n'était pas un cas isolé[4].

En la seule année 1788, les négriers français avaient amené 29 506 esclaves noirs en Haïti. Dans cette île, 30 000 blancs exploitaient 480 000 esclaves noirs[5]. Et la Chambre de commerce de Bordeaux déclarait que la

France avait besoin de ses esclaves afin que l'agriculture puisse être rentable dans ses colonies[6].

N'oublions pas que Voltaire ainsi que Beaumarchais, parmi tant d'autres, faisaient de l'argent en investissant dans des entreprises d'esclavagistes.

Ce qui ne rend pas l'expulsion des Acadiens moins cruelle. Ce fut un acte brutal, caractéristique de ce siècle brutal que fut le XVIIIe, surtout en temps de guerre. Et les rois de France et d'Angleterre étaient en guerre en Amérique du Nord, se battant pour agrandir leurs fiefs chacun aux dépens de l'autre. Le roi de France dépensait d'avantage pour ses maîtresses que pour sa flotte. En 1758, l'Angleterre avait 156 vaisseaux de guerre lourds, équivalents des cuirassés de la Deuxième Guerre mondiale. La France, le plus riche pays de l'Occident, n'en avait que 77. Le 13 avril 1758, une partie importante de la flotte française fut détruite au large du Portugal[7]. Par conséquent, en juillet 1758, la flotte française ne put sauver Louisbourg. L'année suivante, elle ne put sauver Montcalm, qui mourut sur les plaines d'Abraham le 13 septembre 1759. Le Québec fut conquis.

Une grande partie de l'élite française au Québec retourna en France. Les Québécois se sentirent isolés et abandonnés. Dès les premières pages de *Lendemains de conquête,* l'abbé Lionel Groulx, père spirituel du nationalisme québécois, nous décrit avec beaucoup de pathos ce déchirement dans la continuité française:

"L'on n'aura pas oublié quelle forme de civilisation originale, pleine de promesses, attachante, se développait en la Nouvelle-France vers le milieu du XVIIIe siècle. L'avènement à la vie avait pu être laborieux; la nationalité naissante pouvait manquer de quelques éléments, de quelques forces; elle ne laissait pas de grandir d'une évolution régulière, selon les poussées de sa vie intérieure, fécondée par les ferments du catholicisme et de la vitalité française.

"La conquête anglaise survint qui arrêta brusquement cette croissance. Une secousse violente agita l'organisme de la jeune race. Quelques sources de sa vie s'en trouvèrent appauvries, d'autres entièrement taries. Dans la destinée de notre peuple, ce fut une courbe soudaine, une épreuve qui prit les proportions d'une catastrophe."

Catastrophe, certes, pour la France. En Amérique, la France défaite renonçait pour de bon à l'Acadie entière, cédait le Cap-Breton et le Canada (elle avait déjà secrètement cédé la Louisiane à l'Espagne, son alliée de la dernière heure). Elle ne conservait que les îles Saint-Pierre et Miquelon où on lui donnait la permission d'entretenir une force policière de cinquante hommes: voilà tout ce qu'il lui restait de son immense empire d'Amérique du Nord.

Dès 1760, le commandement militaire anglais s'adressait en français à la population canadienne-française et lui permettait de fonctionner en français dans tous les domaines, malgré les protestations de civils anglais qui voulaient que tout se passe dans leur langue.

Le Traité de Paris, signé le 10 février 1763 par l'Angleterre, la France, l'Espagne et le Portugal, mit fin au long conflit de la guerre de Sept Ans. L'hégémonie française en Amérique du Nord n'était plus.

Ce même traité posa le premier jalon d'une nouvelle structure constitutionnelle qui allait donner de plus en plus d'autonomie aux Québécois au sein de ce qui fut à l'origine une possession anglaise: le Traité de Paris donna aux Français d'Amérique le droit de pratiquer la religion catholique selon les rites de Rome. D'ailleurs, c'est ce que les notables et les évêques avaient demandé au conquérant: leur propre église avec ses rôles traditionnels de gestionnaire de la religion, de l'éducation (en français, bien sûr), des services sociaux et des services de santé. Dans plusieurs pays d'Europe au XVIIIe siècle, les églises remplissaient les fonctions qu'assumerait plus tard l'État providence. Donc, l'autonomie religieuse octroyée par l'article 4 du Traité de Paris, en 1763, était une autonomie de la gestion interne de la société[8].

Article 4.

"Sa Majesté Très Chrétienne renonce à toutes les prétentions, qu'Elle a formées autrefois, ou pu former, à la Nouvelle Écosse, ou l'Acadie, en toutes ses Parties, & la garantit toute entière, & avec toutes ses Dépendances, au Roy de la Grande Bretagne.

De plus, Sa Majesté Très Chrétienne cède & garantit à Sa dite Majesté Britannique, en toute Propriété, le Canada avec toutes ses Dépendances, ainsi que l'Isle du Cap Breton, & toutes les autres Isles, & Côtes, dans le Golphe & Fleuve St. Laurent, & généralement tout ce qui dépend des dits Pays, Terres, Isles, & Côtes, avec la Souveraineté, Propriété, Possession, & tous Droits acquis par Traité, ou autrement, que le Roy Très Chrétien et la Couronne de France ont eu jusqu'à présent sur les dits Pays, Isles, Terres, Lieux, Côtes & leurs Habitans, ainsi que le Roy Très Chrétien cède & transporte le tout au dit Roy & à la Couronne de la Grande Bretagne, & cela de la Manière & de la Forme la plus ample, sans Restriction, & sans qu'il soit libre de revenir sous aucun Prétexte contre cette Cession & Garantie, ni de troubler la Grande Bretagne dans les Possessions sus-mentionnées.

"De son Coté Sa Majesté Britannique convient d'accorder aux Habitans du Canada la Liberté de la Religion Catholique; en conséquence Elle donnera les ordres les plus précis & les plus effectifs, pour que ses nouveaux Sujets Catholiques Romains puissent professer le Culte de leur Religion selon le Rite de l'Église Romaine ...

"Sa Majesté Britannique convient en outre, que les habitans François ou autres, qui auroient été Sujets du Roy Très Chrétien en Canada, pourront se retirer en toute Sûreté & Liberté, où bon leur semblera, et pourront vendre leurs Biens, pourvu que ce soit à des Sujets de Sa Majesté Britannique,

& transporter leurs Effets, ainsi que leurs Personnes, sans être gênés dans leur Émigration, sous quelque Prétexte que ce puisse être, hors celui de Dettes ou de Procès criminels; Le Terme limité pour cette Émigration sera fixé à l'Espace de dix huit Mois, à compter du Jour de l'Échange des Ratifications du présent Traité."

Ainsi, le Traité promet aux habitants la liberté de religion. Si on se place dans le contexte de 1763, ce n'était pas une mince concession de la part des Anglais que de permettre à l'Église catholique de continuer à administrer, pour la plupart, les affaires internes des Français d'Amérique. Après tout, il ne s'était passé que 17 ans depuis la bataille de Culloden (1745) en Écosse, où l'Angleterre avait finalement défait la rébellion du prétendant catholique Stuart; rébellion financée et fomentée par Sa Très Catholique Majesté, le Roi de France et par le Saint-Siège lui-même.

Le Traité de Paris donnait donc aux catholiques de l'Amérique du Nord des privilèges que n'avaient pas les catholiques d'alors en Angleterre: là, ils n'avaient pas le droit de se faire élire au Parlement, de servir dans les forces armées ou d'être juges. Bien sûr, l'Angleterre avait intérêt à bien traiter ses nouveaux sujets français d'Amérique afin d'éviter qu'ils ne se soulèvent. Mais tout de même, choisir la tolérance était inhabituel au XVIIIe siècle. Alors comment expliquer le comportement des autorités anglaises?

Parce qu'il y avait en Angleterre à l'époque, comme en France et ailleurs en Europe, des mouvements humanitaires naissants qui déploraient les abus contre les conquis, les prisonniers, les esclaves. Georges Ier, roi d'Angleterre, avait été critiqué pour avoir permis l'expulsion des Acadiens. Et au moment de la bataille des Plaines d'Abraham, il y avait déjà un mouvement vigoureux en Angleterre qui s'agitait pour que les catholiques de Grande-Bretagne obtiennent l'égalité[9]. Et les Français d'Amérique étaient catholiques. Ces impulsions humanitaires de certains cercles anglais contribuèrent à adoucir le sort des conquis au Québec. Mais subir la conquête est amer et il faut du temps avant de pardonner à son conquérant, même s'il n'est pas aussi brutal qu'il aurait pu l'être.

Comme on l'a vu, dès la capitulation, les francophones du Québec avaient continué à vivre comme avant la conquête, c'est-à-dire en français, avec leurs églises catholiques, le même système juridique, et ils avaient gardé leurs droits de propriété. Tout ceci fut formellement confirmé dans l'*Acte de Québec* de 1774. Déjà en 1769, Francis Masères, avocat général, décrivait comment s'étaient passées les choses depuis la conquête et avant l'*Acte de Québec:*

"Les procédures sont rédigées tantôt en français, tantôt en anglais, selon que les procureurs chargés de ce travail sont Canadiens ou Anglais ... c'est la langue française qui est le plus souvent employée dans ce cas, car ce sont surtout des procureurs canadiens qui font le travail dans cette cour[10]."

En juin 1791, le parlement britannique adopta l'Acte constitutionnel qui accordait une assemblée législative à la province du Bas-Canada (aujourd'hui le Québec) et le 17 décembre 1792, les premiers députés se réunissaient. Le premier ministre britannique du temps, William Pitt, expliquait les raisons très pragmatiques qui l'avaient conduit à donner aux Français du Canada leur propre législature:

" S'ils ne pouvaient pas satisfaire les hommes de toutes descriptions, il paraissait désirable aux serviteurs de Sa Majesté, de diviser la province (la grande province du Canada) afin qu'une des divisions comprenne, autant que possible, ceux qui préfèrent les lois anglaises, et l'autre division comprenne en grande prépondérance des anciens habitants qui ont un rattachement aux lois françaises[11]."

Edmund Burke, le politicien philosophe du parti conservateur anglais, disait à cette même occasion:

"... Que les Canadiens aient une constitution formée par les principes canadiens et que les Anglais en aient une formée par leurs principes à eux...[12]".

Durant les premières années de la conquête, pour les Canadiens, le problème n'émanait donc pas de l'attitude de Londres mais de celle des marchands britanniques du Canada qui voulaient convaincre Pitt d'imposer les lois anglaises à tout le monde au Canada, y compris les habitants du Québec. M. Pitt leur fit savoir qu'il ne partageait pas leur avis:

> "M. Pitt ne voyait guère d'inconvénients pour le commerce dans les arrangements proposés. Que les lois soient françaises ou anglaises, elles seraient vite comprises également par tous les habitants[13] ..."

Mais les objections au français des marchands anglais n'allaient pas cesser. Ni, d'ailleurs, les objections des Canadiens français à l'anglais. *Le Canadien,* journal des francophones militants du Québec, clamait: "Ils veulent nous angliciser et nous décatholiciser." L'Église aussi avait une grande peur de l'anglicisation et pour l'éviter prêchait que le salut venait de la terre, de la campagne où les francophones catholiques ne risquaient pas de se frotter aux Anglais.

On voit l'influence de cette prédication de l'Église dans la pensée de Louis Joseph Papineau. Il préférait une société agricole et n'aimait pas les effets du commerce et de l'industrialisation, domaines où les Anglais prédominaient au Québec.

L'autre aspect de la pensée de Papineau était son opposition au gouverneur du Bas-Canada et à tous ceux qui exerçaient le pouvoir sans être élus, aux dépens de la majorité francophone élue à l'Assemblée législative de la colonie.

Papineau fut le principal moteur de la rébellion des Patriotes. Il y avait des tenants de l'indépendance dans ce mouvement, ainsi que ceux qui ne cherchaient pas l'indépendance mais s'opposaient au comportement arbitraire du gouverneur colonial et de ses puissants conseillers non élus. Le mouvement des Patriotes n'était pas composé uniquement de francophones. Parmi les partisans de Papineau, on compte des anglophones dont Wilfred Nelson, Edmond Bailey O'Callaghan et Thomas Storrow Brown. Ils prirent tous les armes en 1837.

Le mouvement de Papineau avait son équivalent dans la colonie voisine du Haut-Canada, sous la direction de William Lyon Mackenzie. La révolte de Mackenzie fit des ravages. Mais les gouvernements coloniaux étaient trop forts. Les insurgés furent battus. Douze des partisans de Papineau furent condamnés à mort et 58 furent exilés en Australie. À peu près 25 des partisans de Mackenzie furent condamnés à mort. Papineau et Mackenzie s'exilèrent.

L'amertume fut plus profonde au Bas-Canada, c'est-à-dire au Québec: les gens de Mackenzie, des anglophones, furent battus par des anglophones. Au Québec, on oublia très vite qu'il y avait eu des combattants anglophones dans les rangs des Patriotes le long du Richelieu. La mémoire collective ne garda que le souvenir d'une autre bataille perdue aux mains des Anglais.

L'Angleterre envoya Lord Durham voir ce qui n'allait pas dans les Canada. Il proposa l'assimilation des Canadiens français. Son patron, le premier ministre britannique, n'accepta pas cette solution. Les deux Canada furent unifiés, non pour effectuer l'assimilation, mais pour réduire ce que l'administration des colonies coûtait à Londres. Le talent politique des Québécois s'affirma encore une fois: Louis-Hippolyte Lafontaine et Georges-Étienne Cartier furent les premiers ministres du gouvernement unifié des deux Canada.

Puis ce fut le guerre de sécession des États-Unis. Un conflit très sanguinaire — une démonstration que les divorces sont très coûteux. L'Angleterre appuya les sudistes. Les nordistes victorieux imposèrent des sanctions commerciales contre les colonies britanniques en Amérique du Nord. Le commerce nord-sud en souffrait. Il fallut créer la solution est-ouest. Georges-Étienne Cartier et John A. Macdonald, alliés politiques, furent les principaux architectes du nouvel État fédéré, le Canada, qui vit le jour en 1867. Les grands réseaux de chemin de fer traversèrent le pays de l'Atlantique au Pacifique pour encourager le commerce est-ouest.

Quant à la géographie du Québec, elle subit des changements majeurs. Le gouvernement du Canada acheta les territoires de la Compagnie de la Baie d'Hudson et en donna une grande partie à la province de Québec.

Il y eut des défaites pour la langue française en Ontario et dans les provinces de l'Ouest, défaites qu'on commença à effacer seulement après l'arrivée au pouvoir de Pierre Trudeau. Il y eut la marée d'immigrants venant au Canada, de tous les coins du monde, jetant les fondements du multiculturalisme que nous connaissons aujourd'hui. Il y eut deux guerres mondiales: bon nombre de Québécois ne voulaient rien savoir de ces guerres qu'ils considéraient comme des aventures des Anglais, et aussi du pouvoir de la France métropolitaine qui avait abandonné ses possessions nord-américaines. Et pourtant, ces deux guerres alimentèrent et accélérèrent la révolution industrielle, une explosion d'énergie qui transforma le monde.

Par leur absence, et pour longtemps, les Québécois se faisaient battre dans les très importantes batailles de l'industrialisation en Amérique du Nord. Le blâme en revient à des seigneurs comme Papineau, et surtout à l'Église.

Les citations qui suivent viennent du livre *Le Clergé et le pouvoir politique au Québec: une analyse de l'idéologie ultramontaine au milieu du XIXe siècle,* de Nadia Eid (Hurtubise, HMH, Montréal 1978):

"... (L'agriculteur chrétien) ne rencontre point sur son chemin les excitations perverses qui poussent au mal, ni les tentations séduisantes auxquelles la faiblesse humaine succombe si souvent ..." (*Gazette des Campagnes*, 15 août 1867).

"... Comparés à l'agriculture, l'industrie et le commerce sont dits agir ... sur des valeurs fictives et accusés de ce fait d'être absolument frappés de stérilité comme élément de richesse économique ... dans une société bien ordonnée, le progrès de la population des villes, c'est-à-dire les classes improductives, ne doit pas devancer celui des campagnes, c'est-à-dire des classes productrices..." *(Nouveau Monde,* 2 décembre 1868).

"... Je recommande à votre zèle la belle œuvre de la Colonisation, que la Divine Providence semble susciter de nos jours, pour nous fournir le moyen de conserver le Canada aux Canadiens (français), pour qu'il soit toujours ce que nos pères l'ont fait, à savoir, une terre catholique avant tout ..." (Mgr Bourget, *Lettre circulaire,* 21 novembre 1861).

"... Je veux avant tout que (le Canada français) ne s'engage jamais hors du chemin que la France catholique lui a tracé. ... Il est essentiel qu'il reste profondément catholique; et s'il faut pour cela sacrifier le commerce et l'industrie, je le dis énergiquement, sacrifions-les" (A. B. Routhier, *Causeries du dimanche,* 15 septembre 1870).

Sous la domination de leurs vieilles élites, donc, les Québécois regardaient passer la révolution économique nord-américaine. Cette révolution économique donnait un pouvoir énorme aux nouveaux magnats de l'industrie et du commerce — c'étaient eux les puissants patrons. Éventuellement, les Québécois allaient se rendre compte que la concurrence économique fait partie intégrante de la vie humaine; que personne ne fait de cadeaux. On ne peut pas se tenir à l'écart, dans les gradins. Il faut jouer le jeu pour marquer des points. Le miracle allait se produire. Mais pendant de longues années, en se tenant à l'écart des changements économiques, les Québécois s'étaient consignés à des rôles de subalternes.

Telles furent les vieilles histoires de l'Histoire du Québec. Les Québécois n'ont pas été soumis à un "despotisme absolu", raison pour laquelle les pères fondateurs des États-Unis voulaient l'indépendance.

Le *Robert* donne la définition suivante du despotisme: "Pouvoir absolu, arbitraire et oppressif du despote." Depuis 1867, quand le Canada fut fondé, les Québécois ont vécu dans un régime démocratique, pas sous un régime despotique. Ils n'ont pas souffert les maux dont se plaint la *Déclaration d'Indépendance des États-Unis*, qui fait un long réquisitoire du despotisme du roi d'Angleterre:

> " ... Il a dissous des assemblées législatives dûment élues parce qu'elles s'opposaient ... à ses atteintes sur les droits du peuple. ... Il nous nie le droit de procès devant un jury. ... Il nous empêche de faire du commerce avec le reste du monde. ... Il a pillé nos mers, ravagé nos côtes, brûlé nos villes et détruit les vies de notre peuple. ... Il a protégé par de faux procès ses militaires parmi nous pour tout meurtre qu'ils commettaient ..."

On ne trouve pas, dans l'histoire du Canada, la moindre preuve qu'Ottawa ait agi de façon despotique au Québec. On peut même affirmer que, comparé à la France, à l'Angleterre, à la Pologne, à la Russie, aux Balkans, à l'Italie, le Québec a eu une histoire sans histoires, mais une belle histoire quand même, pleine de succès. L'histoire du Québec n'est pas truffée de persécutions, comme les histoires de la plupart des pays Européens.

On peut en être fiers de cette histoire, parce que c'est l'histoire de gens courageux, de survivants coriaces qui ont ouvert un continent. Ce ne sont pas les Québécois qui ont perdu une grande partie de ce continent qu'ils définirent: ce sont leurs maîtres, les rois de France. Et malgré ces pertes, les Québécois ont gardé leur capacité d'être des gagnants et non pas des victimes.

Néanmoins, Chaput se sentait victime et était séparatiste.

CHAPITRE 2

NÉANMOINS, CHAPUT ÉTAIT SÉPARATISTE

Pour le Québec, 1960 fut l'année miracle. Nous disions dans le chapitre précédent: "... Les Québécois allaient se rendre compte que la compétition fait partie intégrante de la vie humaine; que personne ne fait de cadeaux. On ne peut pas se tenir à l'écart, dans les gradins. Il faut jouer le jeu pour marquer des points."

En 1960, le Québec sauta sur la patinoire. En moins de trois décennies, à partir de 1960, le Québec passait d'un seul bond du XIXe au XXe siècle; transformant son système d'éducation; se dotant d'un réseau de santé qu'envient beaucoup d'Américains; créant Hydro-Québec, la Caisse de dépôts et de placements; prenant d'assaut les sommets du monde des affaires et du commerce qu'il avait boudés; entrant de plain-pied dans la haute technologie; donnant naissance à une marée de scientifiques, d'artistes, de musiciens, d'écrivains, de gens de scène et de l'écran.

En 1960, aussi, Marcel Chaput rencontra son épiphanie et écrivit son livre, *Pourquoi je suis séparatiste* (paru en 1961). On pourrait me demander pourquoi je ressuscite un livre vieux de 35 ans? Parce que, depuis 35 ans, chaque fois que j'écoute des séparatistes purs et durs, ils utilisent tous des expressions identiques, comme s'ils récitaient des textes appris dans le même livre; j'ai lu Chaput et y ai retrouvé toutes les expressions de mes séparatistes. Ceci ne veut pas dire que ces expressions n'existaient pas avant Chaput ou dans des livres autres que le sien. Mais elles sont toutes contenues dans son livre, qui est d'une certaine façon le lexique, sinon la bible des séparatistes. Il est donc commode d'utiliser Chaput comme point de référence, surtout parce qu'il décrit le monde comme beaucoup de séparatistes le voient encore, même si ce monde a beaucoup changé depuis la parution de ce livre, il y a 35 ans.

Par exemple, Chaput écrivait que l'anglais était appris par les Québécois au prix de leur langue maternelle qui se détériorait en conséquence. Or, dans un monde où la mondialisation est la règle, où le Québec, de plus en plus, joue un rôle vigoureux dans le commerce international, où le Québec a besoin de l'argent que laissent ici les touristes non francophones, l'anglais devient de moins en moins évitable. Les élites du Québec, même les élites séparatistes, prennent bien soin de faire enseigner l'anglais à leurs enfants. Mais les autres enfants du Québec ont besoin de l'anglais aussi.

Les Québécois qui apprennent l'anglais vont-ils perdre leur langue? Pas si les Québécois sont aussi doués que les Grecs, les Serbes, les Roumains, les Bulgares, les Albanais ou les Arabes. Tous ces gens ont vécu cinq siècles sous le joug turc; ils ont forcément appris et utilisé le turc, mais n'ont pas perdu leur propre langue. De nos jours, ils ont des littératures florissantes dans leurs propres langues. Ils ont même gagné des prix Nobel de littérature. Les Québecois parlent un français qui n'est pas moribond du tout, qui est vigoureux, qui peut être novateur entre les mains des Michel Tremblay et autres créateurs.

La langue et la culture anglo-américaines pèsent trop lourdement sur l'esprit français, disait Chaput, et le mettent en danger. C'est un argument qui sert toujours pour appuyer la séparation du Québec. Mais la culture américaine pèserait tout aussi lourdement sur l'esprit français, même si le Québec était indépendant. On ne peut pas vivre à coté d'un géant sans en ressentir les émanations. Dans un Québec indépendant, les jeunes écouteraient toujours la musique américaine, la télévision américaine.

Et il ne s'agit pas seulement de musique, de télévision et de livres. L'ordinateur est partout présent. Si le puissant Japon se voit forcé de construire des produits informatiques à partir de l'anglais, c'est que les États-Unis sont les plus grands consommateurs de ces produits. Les Américains sont non seulement les plus grands consommateurs de logiciels mais aussi les plus grands producteurs. Les logiciels anglophones d'aujourd'hui seront dépassés dès demain, avant qu'on ait eu le temps de les traduire. Si on veut des logiciels dernier cri pour être concurrentiel, dans la plupart des cas, on achète forcément des logiciels conçus à partire de l'anglais. Et sont en anglais, au Québec, les logiciels comme ceux de Softimage, si justement vantés par M. Parizeau.

Il en va de même des manuels scientifiques. Le volume de production des États-Unis est tel que les Américains peuvent se payer des manuels mis à jour avant même que les éditions précédentes ne soient traduites. Toutes les traductions scientifiques et techniques, donc, sont désuètes le jour même de leur parution en librairie. Les scientifiques compétitifs, et donc pressés, utilisent des livres en anglais. C'est ce qu'on fait en France dans certaines disciplines, et les scientifiques français ne sont pas moins français qu'ils ne l'étaient il y a vingt ans.

Comment pourrait-on exclure du Québec les logiciels, les publications, la radio et la télé américaines? Techniquement, ce serait impossible. Même si on le pouvait, voudrait-on vraiment jouer le rôle de censeurs qui ferment les portes aux produits "culturels" de la plus grosse puissance économique du monde?

Les Américains considèrent leur culture, qu'ils appellent *propriété intellectuelle,* comme étant un service qui devrait circuler librement parce que cette sorte d'exportation rapporte énormément. Ils se battent farouchement pour imposer ce point de vue à l'Organisation mondiale du commerce, qui a succédé au GATT. Si on tâchait de fermer nos portes à la *propriété intellectuelle* américaine, on s'exposerait à des représailles économiques sévères. Tout ceci n'était pas le cas quand

Chaput écrivait il y a 35 ans. Le monde qu'il nous a décrit n'existe plus.

Quoi qu'il en soit, le Québec s'est doté de moyens pour cultiver et protéger la langue française, et donner à ses citoyens beaucoup plus de productions en français à la radio et la télévision. Le Québec a reçu bien plus que sa part des subventions d'Ottawa à la culture. Dans un article qui apparaissait dans La Presse du 6 août 1994, Aurèle Beaulnes traitait des contributions des organismes culturels fédéraux au Québec et donnait les chiffres suivants pour l'année 1994:

Organismes Fédéraux	Budget total M$	Part du Québec M$	%
Conseil des Arts	87	28	**32**
Téléfilm Canada	160	80	**50**
Office national du film	83	65	**78**
Radio-Canada	950	380	**40**
Total	1280	553	**43**

Le Québec a multiplié le nombre de ses revues et journaux en langue française. Il a créé tout un réseau de collèges et d'universités. Le nombre d'étudiants de ces institutions a augmenté énormément.

Quant à la plainte de Chaput selon laquelle les visiteurs étrangers contribuent à l'assimilation des Québécois, elle coupe le souffle: "Toutes ces maisons de tourisme qui défigurent le visage français de notre province, croyant attirer les visiteurs américains, c'est ça l'assimilation[14]." La résistance contemporaine à des inscriptions en anglais dans des musées à Québec est la preuve que la pensée de Chaput n'est pas morte.

Les Québécois voyagent beaucoup aux États-Unis. Si les visiteurs étrangers peuvent nous assimiler, nos visites vers la Floride anglophone et hispanophone le peuvent aussi. Est-ce qu'on ne devrait plus aller en Floride? Et si nous dépensons notre argent en voyageant à l'étranger, ne faudrait-il pas compenser en attirant des touristes ici pour leur faire dépenser leur argent chez nous, tout en les exposant, d'ailleurs, au français?

Chaput est horrifié par la nécessité d'utiliser l'anglais: "Nous sommes citoyens d'un Canada dit bilingue mais nous aspirons à être citoyens d'un Québec unilingue", dit-il. Il veut un Québec unilingue mais il veut l'internationalisme aussi "plutôt qu'isolement et stagnation". Or il n'y a pas pire isolement que l'incapacité de communiquer avec les autres et de lire les livres des autres. La globalisation, les communications instantanées ont changé l'aspect du monde. Les grandes compagnies québécoises sont déjà internationales. Elles ne pourraient pas être isolées même si elles le voulaient. Elles ne pourraient pas être unilingues sans souffrir de stagnation.

La stagnation n'est pas le résultat d'une formule constitutionnelle ou d'un statut linguistique, mais d'un manque d'énergie et d'imagination. Du temps de Chaput, il n'y avait presque pas de grands entrepreneurs québécois. Aujourd'hui nombreux et forcément bilingues, ils ont pris d'assaut les cimes du monde des affaires, ils ont l'énergie et l'imagination voulues pour réussir sur la scène internationale. En voici quelques-uns:

Laurent Beaudoin	Le Groupe Bombardier Inc.
Alexandre Beaulieu	Alnico Inc.
Luc Beauregard	National Public Relations Ltd.
André Bérard	Banque Nationale du Canada
André Bisson	Burson-Marsteller Montréal
Jacques Bougie	Alcan Aluminum Ltd.
Normand Bourassa	IBM Canada Ltée
Normand R. Bourque	Northern Telecom Canada Ltée
Pierre Brunet	Lévesque Beaubien Geoffrion Inc.
Claude Chamberland	Société d'électrolyse et de chimie Alcan Ltée
Marcel Coté	Groupe Sécor
Pierre Côté	Celanese Can. Inc.
Paul Desmarais	Power Corp.
Pierre des Marais II	Unimédia
Gérald Désourdy	Société Désourdy 1949 Inc.
Richard Drouin	Hydro-Québec
Guy Dufresne	Compagnie Minière Québec
Marcel Dutil	Le Groupe Canam Manac Inc.
André Y. Fortier	GéoNova Explorations inc.
Paul E. Gagné	Avenor Inc.
Jeannine Guillevin Wood	Guillevin International Inc.
Guy Laflamme	South Shore Industries Ltd.
Raymond Lafontaine	Groupe LGS Inc.
Yves Marmet	Les Ordinateurs Hypocrat Inc.
Pierre Michaud	Groupe Val Royal Inc.

J. Robert Ouimet	Ouimet-Cordon Bleu Inc.
Pierre Péladeau	Québecor Inc.
Claude Perreault	Provigo
Hervé Pomerleau	Groupe Hervé Pomerleau Inc.
Guy Saint-Pierre	Groupe SNC-Lavalin Inc.
Charles Sirois	Téléglobe
André Tranchemontagne	La Brasserie Molson O'Keefe
Michel L. Turcotte	Banque Royale du Canada

Un autre grand thème de Chaput est la peur d'être une minorité. "Ce ne sont pas des injustices que nous voulons corriger, c'est la condition de minorité que nous voulons répudier", dit-il. Les Québécois minoritaires qui cherchent à devenir majoritaires en se séparant du Canada vivent dans un monde qui n'existe plus. Ils font comme leur clergé d'avant 1960, qui les enjoignait d'éviter le commerce et l'industrie. Sur la scène mondiale "globalisée" d'aujourd'hui, les étoiles de l'entreprise québécoise créent des multinationales qui n'ont pas de "patrie." Ils déménagent leurs investissements, les emplois, leur équipement industriel d'un pays à l'autre sans hésitation. Ils ne se demandent même pas si leur langue, le français, est minoritaire ou majoritaire là où ils bâtissent leurs usines. Ce qui compte pour eux, c'est l'argent; l'argent qui se déplace en quantités inimaginables instantanément. Sur les marchés des devises, les milliards de dollars (et d'autres monnaies) qui changent de mains ou de pays en *un seul jour* dépassent la valeur totale du commerce mondial *annuel*.

Dans le groupe qu'est le Canada, le Québec est un actionnaire important. Avec 25 % des "actions", le Québec joue souvent un rôle déterminant et peut influencer le compromis collectif que recherche toute fédération. Ce n'est pas peu. Cela représente plus d'influence que n'aurait un Québec séparé. Au fait, comme nous allons le voir, les péquistes trouvent l'association du Québec minoritaire avec le reste du Canada majoritaire tellement avantageuse qu'ils veulent la garder. Chaput n'aurait jamais accepté ça. Il voulait l'indépendance sans association.

Dans les émotions nationalistes du Québec, la minorisation, ou la marginalisation, reste un cauchemar. Pourtant, en Allemagne, le Parti libéral a détenu la balance du pouvoir longtemps avec un 5 ou 6 % du vote. Les Québécois ont toujours été habiles sur le plan électoral. Nos 75 sièges sur 295 au Parlement fédéral nous ont bien servis. Durant 35 des 46 dernières années, le Canada a été géré par un premier ministre québécois. C'est de la marginalisation, ça?

L'autre cauchemar apparenté à celui de la minorisation est la peur de la "tendance centralisatrice" d'Ottawa. "... Pour les Canadiens-français, peuple minoritaire vivant en confédération, la centralisation équivaut à une menace de mort", disait Chaput[15]. La proportion des deniers publics dépensée par les paliers de gouvernement d'une fédération est la mesure de centralisation ou de décentralisation d'une fédération.

Quand Pierre Trudeau prit le pouvoir en 1968, 60 % des dépenses publiques étaient gérées par le fédéral et seulement 40 % par les provinces. En 1984, c'était l'inverse: 60 % aux provinces, 40 % au fédéral. Sous les fédéralistes "centralisateurs" d'Ottawa, le Canada est devenu la fédération la plus décentralisée au monde. En 1967, M. Parizeau expliquait sa conversion au séparatisme en disant qu'il trouvait le Canada **trop décentralisé.** Depuis, le Canada s'est décentralisé encore plus, mais M. Parizeau le trouve maintenant **trop centralisateur.**

En relisant Chaput, on a l'impression qu'il ne considère pas le Québec comme un tremplin pour des entreprises internationales aventureuses et pas mal pirates sur les bords, comme elles le sont à peu près toutes; il pense plutôt en termes de micro-entreprise, avec un proprio qui n'a pas de partenaires. Son modèle n'inclut pas la grosse entreprise qui émet du capital-action dont nous détenons assez de parts pour faire sentir notre influence. Dans la réalité, le monde de Chaput n'existe plus.

Néanmoins, ce monde subsiste dans les émotions viscérales de cette partie des Québécois qui ont été élevés, comme Chaput, dans l'idée qu'il *fallait laver l'humiliation des Plaines d'Abraham.* C'est à ces émotions qu'il adresse les phrases suivantes:

"Nous voulons l'indépendance parce que la dignité l'exige. ...L'unique raison de notre cause — la dignité. ...Le séparatisme mène à l'indépendance, à la liberté, à l'épanouissement de la nation et la grandeur française en Amérique. ... Les Québécois constituent une famille naturelle. ... Les liens sont de la chair et de l'esprit. ...Le bilinguisme est un non-sens, un péché contre nature. ... Le bilinguisme des Canadiens français n'est pas l'indice de leur supériorité mais plutôt la preuve de leur esclavage...".

Ces phrases résonnaient toujours en 1967 dans le cœur de plusieurs Québécois, parce que la *Révolution tranquille* n'avait pas encore montré tout ce qu'elle pouvait faire. Pour eux, le cri de cœur de De Gaulle, "Vive le Québec libre", fut comme un appel aux armes.

C'était l'année du centenaire du Canada, l'année de l'Exposition universelle de Montréal, l'année des hippies qui sont devenus aujourd'hui des banquiers moins élancés ou des grand-mères en affaires. Juché sur un balcon de Montréal, le général De Gaulle lançait son "Vive le Québec li-bre!" Comme des centaines de milliers de Québécois, j'ai vibré au son de cette voix qui clamait *lib-re*.

J'avais entendu cet accent pour la première fois à Paris, quand j'avais six ans, et que le colonel Charles De Gaulle était venu chez nous manger l'agneau à la palicare de ma mère. Et je l'avais entendu à la radio britannique appeler les Français à la résistance. Mon père, colonel grec, l'avait entendu et s'engagea dans la Légion étrangère pour servir la France libre.

De Gaulle n'était pas un grand orateur, mais il était envoûtant, parce qu'il avait refabriqué la France. Le comte Sforza, ministre italien des Affaires étrangères, avait dit que pour les Français, c'était plus difficile: "Nous autres Italiens, nous n'avons qu'à accepter une défaite. Les Français doivent inventer une victoire." En regardant aujourd'hui les actualités de la libération de Paris on voit et on entend De Gaulle inventer la victoire, insistant sur le fait que les Français avaient libéré Paris, ne mentionnant pas les Américains, les Anglais et les Canadiens qui étaient les vrais libérateurs.

De Gaulle réécrivait l'histoire comme tous les chefs nationaux "charismatiques" le font. Il n'aimait pas les parties ternies de l'histoire de France. Il n'aimait pas que Louis XV ait perdu l'Amérique en y abandonnant des milliers de Français aux Anglais, le peuple qui avait le plus combattu la France au fil des siècles.

C'était un temps de rêves et de soulèvements, l'année 1967. Herbert Marcuse prêchait la noblesse de la révolution, dénonçait les élites et fournissait un fondement philosophique aux soulèvements violents des jeunes. Les étudiants de Berkeley couvaient leur révolte. Les étudiants de Paris aussi: dans quelques mois, ils allaient faire fuir De Gaulle jusqu'à son armée en Allemagne. Les révolutions étaient à la mode.

Il y en a eu, de ces jeunes révolutionnaires violents au Québec aussi. Ils cambriolaient des banques, posaient des bombes dans des boîtes à lettres et causaient la mort ou la mutilation des artificiers de la police qui avaient à les désamorcer. On copiait les terroristes algériens, au Québec. Et on finit par copier les tactiques des assassins étrangers de la bande Bader-Meinhoff et des brigades rouges.

En 1970, on enleva un diplomate anglais, James Cross, et un ministre québécois, Pierre Laporte. Des manifestations houleuses clamaient leur appui aux ravisseurs qui appartenaient au Front de libération du Québec, le FLQ. Le premier ministre du Québec, Robert Bourassa, le maire de Montréal, Jean Drapeau, et les chefs des polices municipales et provinciales du Québec voulaient réprimer les manifestations parce que les esprits des jeunes participants s'échauffaient et la chose pouvait tourner à l'émeute violente. Les dirigeants du Québec pensaient qu'ils se trouvaient à la veille d'une insurrection. Pour faire face à cette "insurrection appréhendée", ils demandèrent donc qu'Ottawa mette en place la Loi sur les mesures de guerre et envoie l'armée.

Pierre Trudeau et Gérard Pelletier, respectivement premier ministre et secrétaire d'État du gouvernement fédéral, ne voulaient pas envoyer l'armée, mais ils n'avaient pas le choix: la constitution disait clairement que cette décision relevait du pouvoir provincial. Les dirigeants du Québec et de Montréal l'exigeaient et les corps policiers du Québec appuyaient les requêtes de leurs chefs politiques. À contre-cœur, Trudeau mit en place la Loi des mesures de guerre et l'armée fut déployée au Québec. Ceux qui avaient pris part aux manifestations pro-FLQ et d'autres furent indignés de voir l'armée dans les rues. Au Canada hors Québec aussi, les intellectuels, les gens des médias furent indignés par la proclamation de cette loi. Et puis Laporte fut assassiné.

L'assassinat changea la situation et la mentalité des gens. C'était un acte totalement non québécois. Les Québécois sont exubérants, enthousiastes, démonstratifs. Mais ils ne sont pas brutaux ou lâches. L'assassinat de Laporte, un acte de lâcheté brutale, causa une vague de répulsion parmi les Québécois, la répulsion naturelle d'un peuple qui connaît le courage et l'honneur.

Des gens civilisés et décents ne peuvent s'empêcher de ressentir un mépris particulier envers les ravisseurs d'otages, surtout ceux qui tuent leurs otages. C'est le comble de la bassesse et de la couardise. Ce n'est pas comme si on se battait debout contre quelqu'un à armes égales. Assassiner froidement un otage qu'on tient pieds et poings liés, voilà le comble du déshonneur, et aucune licence poétique ultérieure ne peut le faire oublier.

Le samedi 17 octobre 1970, un sondage effectué par l'*Institut de l'opinion publique* donnait le portrait de l'opinion québécoise d'alors. La question était la suivante:

Envers les felquistes, "les gouvernements d'Ottawa et de Québec ont-ils été trop durs, pas assez durs, comme il faut"? Réponses:

	Québec	Canada hors Québec	Canada entier
trop durs?	5 %	4 %	4 %
pas assez durs?	32 %	40 %	37 %
comme il le faut?	54 %	49 %	51 %
Indécis	9 %	7 %	8 %

La répulsion quasi unanime que causa l'assassinat de Laporte, et l'intervention de l'armée mirent fin au terrorisme du FLQ. Malheureusement, il y eu les excès de la police. Profitant de la Loi des mesures de guerre, les policiers arrêtèrent des tas de gens qui n'avaient vraiment rien à voir avec les enlèvements: par exemple, des gens que la police trouvait dans la maison d'un suspect et qui devenaient donc suspects aussi par association; des gens qui avaient écrit des articles séparatistes ou chanté des chansons séparatistes.

On a fourré tous ces gens en prison, quelque 450 en tout. Jacques Hébert n'était pas sénateur alors; il était éditeur (l'éditeur de Chaput, entre autres) et président de la Ligue des droits de l'homme, dont Mme Alice

Parizeau était la secrétaire. Jacques Hébert se débattit comme un diable dans l'eau bénite pour défendre les droits de toutes les personnes arrêtées. Il les visita en prison, obtint qu'on les laissa communiquer avec leurs familles, leurs avocats. Il en visita quelque 125 — le reste avait été relâché très vite par la police. Il se rendit compte, dit-il, que sur les 125 détenus qu'il avait visités, une quinzaine peut-être étaient impliqués dans le FLQ. La police, les geôliers avaient fait preuve de zèle, et les avocats, de couardise.

Parmi ceux qui furent arrêtés sans raison et chez leurs amis, la rancune persiste. Et c'est compréhensible. Peu leur importe que ce fussent des policiers québécois qui avaient fait du zèle. C'était sous l'égide de la Loi fédérale des mesures de guerre que les arrestations avaient eu lieu. Ce n'est pas quelque chose qui s'oublie facilement. Je le sais. J'ai été fait prisonnier de guerre par les communistes coréens, malgré le fait que je n'étais pas un combattant mais un journaliste en civil. Ce n'est pas un souvenir agréable.

Sans raison, sans avertissement, illégalement, des Québécois ont perdu leur dignité, leur liberté, même temporairement. Ils ont été humiliés d'avoir eu à ressentir la peur. Je ne suis pas du tout certain que le pays leur ait fait des excuses suffisantes. Au moins, dit Jacques Hébert, il n'en a pas vu qui avaient été battus, torturés ou privés d'eau et de nourriture — et il avait visité les 14 prisons où étaient détenus les suspects.

L'armée se retira. La vie reprit son cours. Dans l'ensemble, les Québécois ne semblaient pas trop en vouloir à ceux qui avaient fait imposer la Loi des mesures de guerre.

Le samedi 12 décembre 1970, un sondage de Gallup posait la question:

ÊTES-VOUS D'ACCORD AVEC LA MISE EN APPLICATION DES MESURES DE GUERRE?

	FRANCOPHONES	ANGLOPHONES	AUTRES
oui	86 %	89 %	79 %
non	9 %	5 %	5 %
indécis	5 %	6 %	16 %

Malgré leur rôle en 1970 dans l'application des mesures de guerre, Bourassa en 1973, Trudeau en 1972, 1974, 1979 et 1980 obtenaient de grosses majorités au Québec.

On aurait pu croire que la paix régnait, malgré les batailles de tapis rouges, de juridiction, les querelles constitutionnelles. Comme nous l'avons vu, l'économiste Albert Breton maintient que les citoyens sont mieux servis dans un pays qui a à la fois un système parlementaire britannique et une structure fédérale. La rivalité entre paliers de gouvernement est comme la concurrence entre entreprises rivales. La qualité du service s'améliore et les prix baissent. Ce qui ne veut pas dire que la guerre des juridictions soit moins réelle pour les professeurs de droit constitutionnel, et pour les bureaucrates et les politiciens des deux paliers de gouvernement.

Les Québécois auront à subir cette guerre jusqu'à la fin de leurs jours. Tout comme le Français moyen, l'Allemand ou le Suisse. Les fonctionnaires et les politiciens vont toujours se plaindre de l'autre palier de gouvernement. Et les séparatistes d'aujourd'hui, descendants intellectuels de Chaput diront toujours comme lui: "... Le séparatisme mène à l'indépendance ... Nous voulons l'indépendance parce que la dignité l'exige. ... L'unique raison de notre cause — la dignité...".

Combien de fois par an le Québécois moyen se dit-il: "C'est vrai, après tout. Mon appartenance au Canada porte atteinte à ma dignité. Je me sens tout dérangé."

CHAPITRE 3

LES GUERRES CONSTITUTIONNELLES

Les guerres constitutionnelles, essentiellement, ne touchent pas la vie quotidienne du peuple. Si le citoyen moyen n'avait pas lu les journaux ou écouté la radio ou n'avait pas regardé la télévision, il n'aurait jamais su que des batailles constitutionnelles ont fait rage entre Ottawa, le Québec et les autres provinces. Ceci explique pourquoi, dans les sondages, l'ensemble des citoyens, au Québec comme ailleurs au Canada, accorde une priorité si faible aux questions constitutionnelles. Mais dans la conjoncture préréférendaire que nous traversons, on ne peut pas éviter un regard sur nos guerres constitutionnelles récentes parce qu'elles éclairent les enjeux du débat.

De temps à autre, les professionnels de la Constitution arrivent à aiguillonner les citoyens d'une province en leur criant qu'une autre province a obtenu un avantage exclusif. "On s'est fait avoir!" C'est un slogan qui marche parce que les gens n'aiment pas avoir moins que les autres. Surtout si les autres sont différents, sont des orangistes où des papistes, des têtes carrées ou des "frogs", des "pognés" plutôt que des gais lurons, des

"Anglaises plates" plutôt que des Québécoises bien vives, des cartésiens et non des pragmatiques, des gens qui sont passionnés de la bouffe et non des mangeurs de cochonneries.

En Europe, les Anglais sont convaincus que les Français ne se lavent pas et vice versa. Les Allemands haïssent les Bavarois. Les Italiens de Milan se demandent s'ils ne devraient pas se séparer de l'Italie, tant ils méprisent les Italiens du Sud. Et les pays européens plus développés du Nord, la France incluse, considèrent les pays moins développés du sud de l'Europe comme étant peuplés d'êtres inférieurs, bons tout au plus pour servir à table ou au lit. Et il y a toujours les souvenirs amers des défaites, des occupations, des conquêtes répétées durant des siècles et des siècles. Pourtant, l'Europe marche irrévocablement vers une plus grande intégration parce que les relations entre États, surtout les relations économiques, sont très compliquées et ont besoin de rationalisation et de coordination. Ce qui veut dire qu'on n'a pas besoin de s'aimer pour bien vivre ensemble. Tout au long de l'histoire, ce sont les mariages de raison qui ont prédominé et qui ont le mieux réussi.

Le guerre entre les élites passionnées de Constitution du Québec et Ottawa est facile à décrire. L'élite québécoise veut arracher des pouvoirs à Ottawa tout en préservant les avantages que la fédération canadienne représente pour eux. D'autres provinces, l'Alberta, la Colombie-Britannique, ont des positions qui ne diffèrent pas tellement de la position de l'élite québécoise passionnée — ce qui crée une complication, car non seulement cette élite du Québec veut des pouvoirs nouveaux, mais elle veut aussi que les autres provinces n'aient pas les mêmes pouvoirs. Ceci au nom de la différence du Québec. Un point de vue difficile à faire accepter par les autres, avouons-le.

Ottawa répond, d'habitude, que si on veut jouir d'une fédération qui marche bien pour le citoyen, il faut que la fédération ait des pouvoirs au centre, comme celui de garantir certains services essentiels (et égaux) aux citoyens de toutes les provinces, par exemple l'assurance-maladie ou les pensions de vieillesse. Ces pouvoirs fédéraux sont exercés par le Parlement fédéral au sein duquel toutes les provinces ont leur mot à dire. Les provinces de la fédération règlent leurs différends et gèrent leurs intérêts communs par le truchement du Parlement fédéral; celui—ci est la source des pouvoirs fédéraux: il exprime la volonté collective des membres de la fédération et les compromis avec lesquels cette volonté est faite.

La meilleure solution des différends entre pays indépendants ou entre les membres d'une fédération, ou entre deux individus, est toujours un compromis qui, de par sa nature même, est situé entre deux perceptions de la perfection. Ce qui est perfection pour l'un est tyrannie pour l'autre. La perfection pour le vrai écolo signifierait des taxes si élevées sur l'essence que personne n'en achèterait... et les voitures cesseraient de fonctionner, donc de polluer. Les vendeurs d'essence considéreraient une telle taxe tyrannique. Pour eux, la perfection consiste à ne pas avoir de taxe de vente du tout. En démocratie, on ménage la chèvre et le chou. Le génie du système démocratique réside dans sa capacité de trouver des compromis. Mais il faut un instrument pour forger ces compromis entre les composantes d'une fédération: dans notre fédération, c'est le Parlement fédéral.

C'est l'existence de partis politiques qui représentent plus d'une région du pays, qui donne au système parlementaire canadien l'outil nécessaire au compromis qui résout un problème. Un parti qui exerce, veut garder, ou veut prendre le pouvoir au Canada, doit trouver des solutions de compromis acceptables pour toutes les provinces. Autrement, des sièges pourraient être perdus dans la province qui n'aurait pas accepté le compromis du parti au pouvoir à Ottawa; et ce parti perdrait le pouvoir.

Ce qui s'applique à la fédération canadienne, s'applique aussi aux grandes pré-fédérations comme l'Union européenne. Dans l'économie de plus en plus mondialisée d'aujourd'hui, et pour une multitude de sujets, chaque pays a besoin d'un énorme degré de coordination et d'harmonisation rapide avec les pays voisins, qui sont ses principaux partenaires économiques et commerciaux. Les solutions à coordonner sont très nombreuses parce que les problèmes à régler changent constamment. On ne peut pas le faire assez rapidement par la voie de négociation internationale, du pays concerné avec chacun de ses pays partenaires.

C'est pour résoudre cette sorte de problème que l'Europe fait de grands pas vers un système qui ressemble de plus en plus au système canadien, avec un parlement central et avec des partis politiques qui transcendent les frontières nationales. Le Traité de Maastricht, qui est la pré-constitution de la pré-fédération européenne, possède des aspects qui feraient frémir les séparatistes québécois parce que l'Europe qui se forme ne favorisera plus l'État ethnique auquel rêvait Chaput.

Par exemple, la citoyenneté européenne accorde à tous les citoyens de chaque pays membre le droit de voter et d'être élus aux élections locales et européennes dans le pays où ils résident; ceci veut dire qu'on pourrait voir un citoyen du Portugal ou de la Grèce devenir maire d'une commune française. Un Ontarien de Brockville, maire de Chicoutimi?

La mondialisation du marché monétaire force l'Union européenne à une coordination économique très serrée: la France a dû aligner son économie sur celle de l'Allemagne, provoquant ainsi la dévaluation du franc en novembre 1993. Maastricht édicte des règles supranationales de politique budgétaire et sociale imposant la libre circulation du capital, de la main-d'œuvre, des biens et des services.

La coordination économique impose aussi une responsabilité fiscale aux pays du Nord, y compris la France, envers les pays moins favorisés du Sud. Les pays riches subventionneront les pays plus pauvres mais n'exerceront aucun contrôle sur la façon dont s'effectueront les dépenses. Ainsi, l'aide financière fournie par les pays plus riches aux moins riches pourrait être dirigée vers la création de projets non viables ou à la subvention de projets qui existent déjà par surcroît, par exemple l'agriculture. Au Canada, au moins, les députés fédéraux du Québec ont un droit de regard et de vote sur les programmes de développement régional des autres provinces.

L'Europe qu'envisage Maastricht souffrira d'un "déficit démocratique", les fonctionnaires de la Communauté seront tout-puissants et échapperont presque totalement au contrôle politique. Et une cour suprême de la Communauté pourra casser les jugements des cours nationales des États membres de l'Union européenne dans tous les domaines affectant le travail et les échanges économiques.

Quant à la langue, en Europe, ce sera l'anglais. Ce qui ne déplaît pas à certains Français, dont Robert Lafont (pas l'éditeur) qui écrit[16]:

"L'Europe se construit alors que la langue anglaise contrôle déjà les échanges mondiaux. L'adoption de l'anglais comme 'première langue' de la Communauté faciliterait immédiatement les échanges intercommunautaires, les allégerait singulièrement, permettrait un bond en avant de la communication technologique et scientifique. Le moment sera bientôt venu où le refus de la réalité supranationale sera d'un coût intolérable même dans le bastion français du chauvinisme linguistique. L'Europe pourrait ainsi retrouver l'aisance intellectuelle qui était la sienne au temps du latin universel."

Ces séparatistes québécois qui parlent de solution européenne aux problèmes constitutionnels du Canada ne semblent pas avoir lu le traité de Maastricht ou étudié ce qui se fait au quartier général de la Communauté.

Est-ce que Maastricht va trop loin? Pas assez loin? Toute chose politique, bien sûr, est une question de degré. Est-ce que notre système fédéral laisse assez d'espace aux provinces? Pourrait-il laisser plus d'espace sans que la fédération cesse d'exister, se désagrégeant en une simple collection d'États séparés? Donc, faut-il changer? Combien? Et comment? Peut-on divorcer pour se remarier tout de suite après? Et si notre partenaire n'acceptait pas le remariage après le divorce? Est-ce que ce divorce serait haineux et très coûteux? Et si notre mariage actuel n'était déjà pas mal? Voilà les questions dont nous débattons pendant nos conférences constitutionnelles.

La plus importante, la grande occasion manquée de toutes les conférences constitutionnelles, eut lieu à Victoria en 1971. Le gouvernement fédéral et toutes les provinces se mirent d'accord sur une nouvelle constitution qui donnait bien plus au Québec que Meech ne proposerait plus tard. Il est essentiel de se pencher sur le projet de Victoria si on veut comprendre les guerres constitutionnelles subséquentes. On verra d'ailleurs que les dispositions de Victoria reviennent en grande partie dans la Constitution de 1982.

LE PROJET CONSTITUTIONNEL DE VICTORIA

La Constitution était rapatriée et dotée d'une charte des droits. Le gouvernement fédéral renonçait à son pouvoir de se réserver certains domaines de juridiction et de désavouer (annuler) des lois provinciales. En plus, le texte de Victoria incluait les dispositions suivantes:

— La Constitution reconnaissait et garantissait à tous, au Canada, la liberté de pensée, de conscience, de religion, d'opinion, d'expression, la liberté de s'assembler paisiblement et la liberté d'association.

— Le projet constitutionnel de Victoria garantissait la tenue d'élections libres et démocratiques, le suffrage universel et le droit d'être élu sans discrimination raciale, ethnique, religieuse ou sexuelle.

— Le français et l'anglais étaient reconnus comme les langues officielles du Canada.

"Toute personne a le droit de participer en français ou en anglais aux débats du Parlement du Canada et des législatures de l'Ontario, du Québec, de la

Nouvelle-Écosse, du Nouveau-Brunswick, du Manitoba, de l'Ile-du-Prince-Edouard et de Terre-Neuve." Les lois du Parlement du Canada et de toutes les provinces seraient imprimées et publiées en français et en anglais.

"Toute personne a le droit de s'exprimer en français ou en anglais dans la procédure de la Cour suprême du Canada, de toute cour établie par le Parlement du Canada, et de toute cour des provinces du Québec, du Nouveau-Brunswick et de Terre-Neuve, ainsi que dans les témoignages et plaidoyers présentés devant chacune de ces cours...

"... Tout particulier a le droit de choisir l'une ou l'autre des langues officielles comme langue de communication lorsqu'il traite avec le siège principal ou central des ministères ou des organismes du gouvernement du Canada ainsi que des gouvernements de l'Ontario, du Québec, du Nouveau-Brunswick, de l'Ile-du-Prince-Edouard et de Terre-Neuve...

"... Le Parlement du Canada peut légiférer sur les pensions de vieillesse et prestations additionnelles, y compris les prestations aux survivants et invalides sans égard à leur âge, ainsi que sur les allocations familiales, les allocations aux jeunes et les allocations pour la formation de la main-d'œuvre, mais **aucune loi ainsi édictée ne doit porter atteinte à l'application de quelque loi présente ou future d'une législature provinciale en ces matières.**"

L'accord de Victoria constitutionnalisait le principe de la péréquation, selon lequel les provinces riches paieraient plus, afin que tous au pays puissent bénéficier de services essentiels égaux, même dans les provinces les moins riches. Et le Canada s'engageait à réduire "... les inégalités sociales et matérielles entre les personnes, où qu'elles habitent au Canada..." Le texte précisait que ces mesures n'auraient pas "**... pour effet de modifier la répartition des pouvoirs ...**".

C'était un beau projet de constitution qui protégeait les pouvoirs provinciaux contre les empiétements législatifs du fédéral: "**... aucune loi (fédérale)... ne doit porter atteinte à l'application de quelque loi présente ou future d'une législature provinciale en ces matières...**"

Le projet de Victoria donnait au Québec un droit de veto pour toujours sur tout futur amendement constitutionnel, un puissant outil de marchandage (pour utiliser un anglicisme) qui lui aurait permis de se chercher des avantages additionnels si les autres provinces en demandaient pour elles-mêmes. Et la présence de trois juges québécois à la Cour suprême était constitutionnalisée; le Québec aurait eu son mot à dire dans le choix de ces juges; en cas de désaccord avec le fédéral sur le choix d'un juge, il y avait moyen de trancher la question raisonnablement.

À Victoria, M. Bourassa aimait bien le projet, dont il a d'ailleurs rédigé le texte final. Mais des nationalistes de tous bords le critiquèrent au Québec et il retira son appui.

C'était un choix tactique. Est-ce qu'on acceptait Victoria comme un pas en avant, quitte à en demander plus, plus tard? Ou est-ce qu'on disait: "Tout ou rien"?

On choisit la deuxième tactique qui fit perdre au Québec des appuis importants au Canada anglais. Les premiers ministres des autres provinces allaient accepter plus d'une fois de trouver des formules constitution-nelles qui accommoderaient le Québec mais d'autres Canadiens hors Québec, qui avaient aimé l'accord de Victoria, allaient considérer dorénavant les négociations constitutionnelles avec peu d'enthousiasme.

Les choses en restèrent là jusqu'au 15 novembre 1976, date à laquelle le Parti québécois formait son premier gouvernement à Québec.

Trudeau perdit l'élection fédérale de l'été 1979 (tout en conservant 67 des 75 sièges du Québec), mais il fut reporté au pouvoir en février 1980, cette fois avec 74 des 75 sièges du Québec. En mai 1980, le gouvernement de René Lévesque demandait aux Québécois par voie de référendum de l'autoriser à négocier la souveraineté-association, un statut qui verrait l'émergence d'un Québec indépendant, mais sans aucune rupture avec ce qui aurait existé avant la "souveraineté-association" dans des domaines comme le commerce, l'économie, les fi-nances, la monnaie, les tarifs, les affaires étrangères et militaires.

Bref, comme aujourd'hui, René Lévesque voulait un divorce suivi d'un remariage immédiat. Comme M. Parizeau aujourd'hui, René Lévesque, dans sa question référendaire, définissait ainsi la souveraineté: *le pouvoir exclusif de faire ses lois, de percevoir ses impôts et d'établir ses relations extérieures...* La définition de Marcel Chaput, en fait.

Le débat à l'Assemblée nationale et la campagne référendaire du camp du OUI furent des illustrations magistrales du talent des communicateurs séparatistes. Ils firent les meilleurs discours, organisèrent des assemblées techniquement et artistiquement supérieures. Mais le 14 mai 1980, six jours avant le référendum, Pierre Elliott Trudeau, premier ministre du Canada, prit la parole à l'aréna Paul-Sauvé. Voici quelques brefs extraits de son discours:

> "... Je peux prendre l'engagement le plus solennel qu'à la suite d'un NON, nous allons mettre en marche immédiatement le mécanisme de renouvellement de la Constitution et nous n'arrêterons pas avant que ça soit fait...

> "... (Je dis à M. Lévesque), maintenant, si vous voulez parler, si vous voulez parler de souveraineté, laissez-moi vous dire que vous n'avez pas de mandat pour négocier la souveraineté, parce que vous n'avez pas demandé, purement et simplement, aux Québécois s'ils voulaient la Souveraineté...

> "Vous avez dit: Voulez-vous la souveraineté à condition d'avoir en même temps l'association?

Comme il n'y a pas d'association, vous n'avez pas la clef pour ouvrir cette porte, et moi non plus ...

"... Monsieur Lévesque m'a demandé: *Mais, quelle sera votre attitude dans le cas où la population québécoise répondrait majoritairement OUI? ...*

"(Je lui ai répondu,) nous venons d'être élus en force par la province de Québec, précisément pour faire des lois pour la province de Québec. **Alors, ne me demandez pas de ne pas en faire, ne me demandez pas de donner plein pouvoir au Québec...**

"Monsieur Lévesque continue de répéter: *Puis la démocratie, qu'est-ce que vous en faites si le peuple québécois votait majoritairement OUI? Est-ce que vous ne seriez pas obligés par les lois de la démocratie de négocier?...*

"Mais non! C'est comme si je disais à monsieur Lévesque: *La population de Terre-Neuve vient de voter à 100 pour 100 de renégocier le contrat d'électricité avec le Québec. Vous êtes bien obligés, au nom de la démocratie, de respecter la volonté de Terre-Neuve, non?...*

"C'est clair que ça ne marche pas ce raisonnement-là.

"La démocratie peut exprimer le vœu des Québécois, mais ça ne peut pas lier ceux qui n'ont pas voté dans les autres provinces, à vouloir faire ce que les Québécois décident. Alors ... monsieur Lévesque, il n'y aura pas d'association."

Les Québécois ont bien compris ce raisonnement de Trudeau: ils ne pouvaient pas se garantir une association pour laquelle le reste du Canada n'aurait pas voté. Et comme ils tenaient à leur association avec le reste du Canada, les Québécois votèrent NON au référendum de 1980.

Après leur défaite au référendum de 1980, les séparatistes lancèrent une brillante campagne de propagande pour gagner ce que René Lévesque avait appelé "la prochaine".

Grâce à cette brillante campagne de propagande, les indépendantistes réussirent éventuellement à convaincre même certains fédéralistes anglophones que Trudeau avait trompé le peuple québécois. Partout au Québec et dans le reste du Canada, jour après jour, inlassablement, on répétait le message de la campagne de propagande: "Trudeau avait pris 'l'engagement le plus solennel' qu'à la suite d'un NON il renouvellerait la Constitution et il ne l'a pas fait. Les Québécois s'étaient fait avoir. Donc la victoire du NON en 1980 n'avait pas de légitimité."

Une des règles de la propagande est que le message doit être répété implacablement, qu'il doit être simple et avoir un contenu émotif universel: "se faire avoir" est un concept universel très émotif. La règle fut très bien suivie et donna les résultats voulus.

Or, justement, Trudeau renouvela la Constitution en 1982. La *nature* de ce renouvellement ne plaisait pas aux séparatistes. Ils maintiennent aujourd'hui que Trudeau avait promis implicitement de faire des changements qui auraient diminué les pouvoirs du fédéral au Québec. Mais dans son discours Trudeau avait été parfaitement clair. Il n'avait pas du tout promis un retrait du fédéral, bien au contraire. Je cite:

"... Ne me demandez pas de ne pas en faire [des lois pour le Québec]. Ne me demandez pas de donner plein pouvoir au Québec." Il est évident qu'il n'envisageait pas un changement de Constitution qui conviendrait au gouvernement péquiste.

Dans le paragraphe précédent, le texte en lettres grasses fait partie des extraits du discours de Trudeau à l'aréna Paul-Sauvé, le 14 mai 1980: au cas où on me soupçonnerait de l'avoir cité hors contexte, la transcription complète de son discours du 14 mai 1980 est donnée en annexe.

Et encore une preuve que M. Trudeau n'a trompé personne: Mme Denise Bombardier interviewait M. Jean Chrétien **après** le discours du 14 mai 1980 mais avant le vote référendaire du 20 mai 1980; elle lui demandait quelle sorte de renouvellement M. Trudeau entendait faire. M. Chrétien répondait qu'il s'agissait d'un rapatriement de la Constitution; d'une Charte des droits; de la constitutionnalisation de la présence de trois juges québécois sur neuf à la Cour suprême; de droits linguistiques; et d'une formule d'amendement; le tout pas mal semblable au projet de Victoria. Il n'était pas question d'atrophier la fédération au profit du gouvernement du Parti québécois.

SONDAGE GALLUP DU 10 DÉCEMBRE 1981

(après la conclusion des négociations qui formulèrent la Constitution de 1982)

Question: Comme vous le savez déjà, neuf des dix premiers ministres provinciaux étaient d'accord avec ...Trudeau sur la réforme constitutionnelle; M. Lévesque ne l'était pas. Êtes-vous d'accord avec la position qu'a prise M. Lévesque?

	OUI	NON	INDÉCIS	NE CONNAISSENT PAS LA POSITION DE LÉVESQUE
QUÉBEC	34 %	46 %	12 %	8 %

Si on distribue les indécis proportionnellement entre les OUI et les NON, comme on le fait normalement dans les sondages, les résultats sont les suivants:

QUÉBEC	42,5 %	57,5 %

Tout le monde au Québec savait à quoi s'en tenir en 1980 et seulement une minorité soutenait la position de René Lévesque. En 1981 et 1982, des sondages au Québec montraient que les Québécois appuyaient la Constitution Trudeau et qu'ils ne voulaient pas que l'Assemblée nationale rejette cette Constitution. Les Québécois savaient bien que la formule d'amendement de la Constitution Trudeau était celle que M. René Lévesque et sept autres premiers ministres provinciaux (le "gang des huit") avaient proposée.

Les Québécois savaient aussi, en 1981, que les droits à l'éducation en anglais pour les anglophones de la province, garantis dans la Constitution Trudeau, étaient garantis selon une clause proposée par M. René Lévesque lui-même, la fameuse "clause Canada". Les Québécois savaient aussi en 1981 et 1982 que la clause "nonobstant" de la Constitution Trudeau permettrait à un gouvernement du Québec de passer des lois contraires à la Charte des droits de la Constitution Trudeau. Il n'y avait vraiment pas grande réduction des pouvoirs du gouvernement du Québec dans la Constitution Trudeau. Et toute réduction des pouvoirs des gouvernements fédéral et provinciaux se faisait au profit du citoyen.

Finalement, les Québécois savaient en 1981 qu'il ne pourrait jamais plus y avoir de changements constitutionnels affectant leur province sans l'accord du gouvernement du Québec — la nouvelle constitution le garantissait:

Article 38. (3): ... [Une] modification [de la Constitution] est sans effet dans une province dont l'assemblée législative a ... exprimé son désaccord par une résolution adoptée à la majorité des députés.

CHAPITRE 4

LES GUERRES
DE PROPAGANDE

Donc, les Québécois avaient voté NON au référendum de 1980 en connaissance de cause. Ils savaient qu'un OUI n'aurait pas mené à la souveraineté-association. Et en 1981 et 1982, dans les sondages, les Québécois avaient appuyé la Constitution Trudeau parce qu'ils savaient qu'elle ne nuisait pas au Québec.

Comment les Québécois le savaient-ils? Parce qu'on l'avait dit et redit à la radio, à la télévision et dans les journaux. Il ne faut pas sous-estimer l'intelligence de l'électeur et sa capacité à comprendre les arguments qui lui sont présentés dans un débat.

Et c'est là où les choses furent prises en main par les propagandistes séparatistes. Ils sont de tout premier ordre, parmi les meilleurs du monde, comme tant d'autres créateurs québécois. Ils le font avec une maîtrise digne du théâtre de Robert Lepage — de la propagande politique de grand talent.

Les propagandistes faisaient face à une tâche extraordinairement difficile:

1) Comment faire oublier à des tenants du NON ce que ces gens avaient compris et bien compris en 1980, et que Trudeau ne les avait pas trompés?

2) Comment créer la vague d'émotivité nécessaire à tout mouvement qui veut renverser un état de choses bien établi depuis longtemps, qui n'est pas tyrannique et qui ne suscite donc pas une opposition révolutionnaire généralisée

3) Comment manipuler l'opinion publique suffisamment pour lui faire croire que noir est blanc?

Les tactiques de la propagande politique ont été développées et rodées depuis longtemps, surtout par des groupes en guerre ou en révolution. Une guerre ou une révolution carbure à l'émotivité. Donc il est essentiel de convaincre son groupe qu'il risque de mourir ou de disparaître; que la source du danger, personnifiée de préférence par un individu, est maléfique, un vrai suppôt de Satan; et que cet individu mauvais nous hait, nous méprise et veut nous humilier.

Ce sont exactement les tactiques utilisées par les Anglais durant la Deuxième Guerre mondiale, avec Hitler en suppôt de Satan. Pour les propagandistes américains, le démon était le premier ministre japonais Tojo. J'ai fait cette guerre et je me souviens très bien de tous les messages qui nous étaient adressés pour que nous n'oublions pas que le chef ennemi nous haïssait. Je connaissais une jeune dame qui avait comme tâche la sélection de bouts de phrases prononcées par Hitler, qu'on nous jouait à la radio. Après la guerre, j'ai vu les films de propagande allemands utilisant Churchill, de Gaulle et Roosevelt en suppôts de Satan.

La propagande des régimes balkaniques présente toujours le chef de l'autre ethnie comme étant un monstre qui "nous" hait personnellement. La révolution iranienne appelait les États-Unis "le grand Satan".

Une insulte ne suffit pas. On accable le "démon ennemi" de toutes les injures possibles. Les communistes français étaient très forts dans l'utilisation de cette tactique et se servaient d'un vocabulaire outrancier et réducteur que les journalistes parisiens appelaient la "langue de bois". Les communistes français ne parlaient jamais de leurs adversaires politiques sans les traiter de tyrans sanguinaires, d'exploiteurs qui voulaient le mal du peuple français, de traîtres. Le mot "traître" est un des mots préférés des propagandistes politiques; d'autres mots aussi, ceux qui ridiculisent l'adversaire, qui doute de son intelligence ou de ses bonnes manières. On attribue à l'adversaire des imperfections physiques ou on les exagère s'il en a déjà: les jambes arquées de Tojo, le menton de Mussolini, la paralysie de Roosevelt — elle est très vieille, cette tactique, elle remonte à l'Antiquité, qui donnait des pieds bots à ses démons et d'énormes verrues aux supposées sorcières.

Le journaliste et écrivain français Jean-François Kahn décrivait ce qu'il appelait la "langue de bois", qu'il associait à un processus mental stalinien[17]:

"L'utilisation systématique de l'injure, la disqualification du contradicteur traité en ennemi, le désaccord assimilé à une trahison, le discours utilisé comme une arme, l'idéologie réduite à jouer le rôle de rempart protecteur, l'enfermement de tout débat dans les limites d'un affrontement stratégique, la disqualification de tous les freins éthiques, le refus des interrogations morales, la négation de toutes les solutions qui ne s'inscrivent pas dans un choix manichéen... tout ce qui cherche à se débarrasser d'une contradiction en la disqualifiant, voire en raturant celui qui la véhicule."

Toutes ces attaques doivent être répétées implacablement, inlassablement, pour qu'elles deviennent partie du vocabulaire quotidien de tout le monde; pour qu'on ne puisse plus entendre parler de l'adversaire sans penser à tous les défauts que les propagandistes lui attribuent et qui deviennent partie intégrante de l'image qu'on se fait dorénavant du personnage.

Dire la vérité, mais **jamais** toute la vérité — voilà la tactique de tout bon propagandiste, dans tous les pays du monde. J'insiste sur ce point, parce que la décision d'une importance primordiale qu'on nous demandera de prendre, à nous autres, Québécois, au référendum qui s'en vient, devrait être une décision **démocratique.** Et la démocratie ne peut pas véritablement fonctionner si l'information fournie au citoyen qui vote est faussée par une propagande qui ne dit **jamais** toute la vérité.

Oui, les propagandistes séparatistes québécois ont été brillants. Ils se feraient couvrir d'or pour utiliser leurs talents aux États-Unis où l'attaque personnelle brutale contre un adversaire politique est monnaie courante. Ils ont réussi leur campagne en faisant de la réforme constitutionnelle de 1982 *"un coup de force sans précédent contre le Québec"*.

Il y a des précédents, mais avant d'en parler, considérons la nature de toute association: une fédération est une association de ses parties constituantes, tout comme une démocratie est une association de citoyens. Demandons-nous s'il peut y avoir une association qui agit toujours et sur toute question, seulement à l'unanimité.

Voilà le fondement même de l'argument des séparatistes: "Dans le cas de la Constitution de 1982, une décision fut prise sans être unanime, donc elle était antidémocratique et un coup de force."

De l'avis de la Cour suprême, en 1982, pour changer la Constitution, il fallait un consensus important de gouvernements provinciaux qui appuyaient le changement; ce qui veut dire qu'une minorité ne pouvait pas imposer un changement constitutionnel; et qu'une majorité pouvait l'empêcher. Or, René Lévesque s'était créé une majorité des premiers ministres provinciaux qui s'opposaient au projet constitutionnel de Pierre Trudeau. Le projet ne serait pas passé si René Lévesque n'avait pas laissé tomber ses confrères de la majorité qu'il avait façonnée.

Façonner une majorité veut dire trouver avec d'autres un **intérêt commun** et le défendre tous ensemble. L'intérêt commun qui unissait René Lévesque et sept autres premiers ministres provinciaux était de ne pas laisser Pierre Trudeau faire un référendum sur son projet constitutionnel, car les sondages le donnaient gagnant. Les premiers ministres provinciaux alliés à Lévesque s'opposaient au principe même du référendum, parce qu'un référendum enlève le pouvoir décisionnel aux politiciens et le remet au peuple. Les politiciens n'aiment pas beaucoup la démocratie directe de ce type.

Pierre Trudeau proposa un référendum pour trancher le différend constitutionnel entre lui et le "gang des huit" premiers ministres provinciaux, dont celui du Québec. Lévesque, qui avait perdu un référendum et voulait une revanche, accepta. Et il perdit ainsi la majorité qu'il avait savamment façonnée. Les autres premiers ministres provinciaux se dirent qu'ils ne pouvaient plus compter sur Lévesque et que mieux valait conclure le meilleur marché possible avec Trudeau, en échange d'un engagement de sa part à ne pas tenir de référendum et à accepter la plupart de leurs propositions sur la nature du changement constitutionnel.

En côtoyant les gens de l'entourage de Lévesque, les politiciens hors Québec avaient conclu que le PQ ne lui permettrait jamais de signer un accord avec le reste du Canada. D'ailleurs, quand il proposa en 1984 d'accepter le "beau risque" d'un accord avec le gouvernement fédéral de Mulroney, les séparatistes purs et durs qui ne veulent que la sécession, renversèrent Lévesque.

On a vu que la Constitution de Pierre Trudeau n'augmentait pas les pouvoirs du fédéral aux dépens des pouvoirs provinciaux: la constitution de Trudeau réduisait les pouvoirs de tous les gouvernements, le fédéral inclus, au profit du citoyen (toutefois, la clause nonobstant permettait aux gouvernements de passer des lois qui allaient à l'encontre de la nouvelle Charte). M. Lévesque aurait pu bloquer la Constitution de 1982 parce qu'il avait eu des cartes gagnantes (les sept autres premiers ministres provinciaux qui l'appuyaient). Il a mal joué ses cartes et a perdu. Comme disait Raymond Barre, ex-premier ministre de France, le soir du 22 janvier 1995 à la télévision, "la démocratie veut dire qu'on accepte de perdre".

Le fédéral a perdu plus d'une fois devant le Conseil privé à Londres, qui nous a longtemps servi de Cour suprême, et qui s'est prononcé plus d'une fois en faveur des provinces et contre Ottawa. Trudeau avait perdu devant la Cour suprême du Canada, qui lui interdit de faire un changement constitutionnel sans consulter les provinces et le Québec avait apprécié ce jugement.

Dès qu'on a une association, il nous faut des règles et des arbitres, des juges pour interpréter ces règles et trancher quand il y a des différends. Il va de soi qu'on accepte les jugements défavorables comme les favorables. Cette règle jouerait même pour un Québec indépendant. Elle vaut pour une grande puissance comme les États-Unis: dans l'Accord de libre-échange entre le Canada et les États-Unis et dans l'ALÉNA lui-même. Des tribunaux bi-nationaux ont pris des décisions qui déplaisaient à Washington. Washington a maugréé, s'est débattu mais a fini par accepter les décisions de ces tribunaux. Même un Québec indépendant aurait à se soumettre à de tels tribunaux, accepter de perdre parfois, manœuvrer au sein du GATT pour façonner une majorité. L'indépendance aujourd'hui n'est plus ce qu'elle était. Comme on va le voir plus tard, un Québec indépendant aurait moins de pouvoirs qu'il n'en a maintenant.

Naturellement, les propagandistes ont créé le scénario de la "nuit des longs couteaux", durant laquelle ses collègues des autres provinces "ont trahi" René Lévesque, l'ont "minorisé". Conclusion: il faut sortir du Canada parce qu'à l'intérieur on sera toujours "minorisés". La propagande séparatiste a eu un succès fou avec ce thème de la "minorisation". Pourtant, l'épisode constitutionnel de 1981-1982 est un bien piètre exemple de "minorisation" du Québec. Il y a **toujours** une majorité de premiers ministres provinciaux pour s'opposer au gouvernement fédéral. C'était sûrement le cas en 1981-1982. Si René Lévesque n'avait pas soudainement semé la panique parmi ses collègues provinciaux en prônant un référendum pour 1981, dont eux ne voulaient pas, son "gang des huit" aurait tenu bon et Trudeau n'aurait pas pu passer sa nouvelle constitution.

Mais le mythe de la "minorisation" de Lévesque et la "nuit des longs couteaux" fait partie intégrante, maintenant, de l'arsenal des propagandistes séparatistes. Quelle impressionnante victoire que la leur!

Un autre exemple de propagande séparatiste est la menace qu'on entend dans tant de discours: **"Si vous votez NON, vous confiez le sort du Québec à Jean Chrétien."** Qu'est-ce que ceci veut dire au juste? Sûrement que Jean Chrétien ne s'entendra jamais avec les séparatistes purs et durs du Québec qui ne cherchent pas, comme les "souverainistes flous" que décrivait Yvon Deschamps "un Québec indépendant au sein d'un Canada fort et uni". Non, les séparatistes purs et durs veulent la dissolution du Canada actuel et ne s'entendraient jamais avec un fédéraliste comme Chrétien. Ils ne représentent que quelque 32 % de la population de la province, d'après les sondages. Mais les séparatistes purs et durs, les révolutionnaires purs et durs de toutes sortes se prennent toujours pour le peuple tout entier et, dans notre cas, pour les seuls vrais Québécois, ceux qui ont le monopole de la vraie vérité tandis que le reste n'a pas encore eu son épiphanie.

Ils accablent Jean Chrétien d'injures grossières, non seulement parce qu'il est leur adversaire, mais parce qu'il représente ces Québécois "niaiseux" et donc nuisibles qui ne se sont pas convertis à la version pure et dure du séparatisme. Qui plus est, comme tout groupe de gens qui croient profondément à une religion ou à une idéologie, les séparatistes purs et durs semblent avoir besoin d'un "grand Satan", une personnification du mal. C'est plus facile que de présenter une argumentation serrée: on n'a qu'a prononcer le nom du grand Satan et on obtient la réaction émotive voulue. Les catholiques français présentaient les protestants comme des suppôts de Satan avant de les massacrer pendant le nuit de la Saint-Barthélemy, au XVIe siècle. Au siècle dernier, les Anglais présentaient Napoléon comme l'incarnation du mal. Les fédéralistes hors Québec ont tendance à faire la même chose avec M. Parizeau. Maintenant que Pierre Trudeau a pris sa retraite, le démon, c'est Jean Chrétien, pour les séparatistes purs et durs.

Il faudrait se demander quand même quel mal voudrait faire à sa province un élu du Québec comme Jean Chrétien. Il voudrait s'y faire réélire, sûrement. Il voudrait avoir plus de députés au Québec. Il voudrait être aimé par le plus grand nombre de Québécois possible — c'est le désir normal de tout homme politique. Ce qui veut dire que Jean Chrétien voudrait que le plus grand nombre possible de Québécois soient prospères, que le plus grand nombre possible de Québécois se distinguent au Canada et dans le monde, soient admirés et honorés. Quel homme diabolique!

Mais il croit au Canada et, par conséquent, il est le "grand Satan" choisi comme cible privilégiée des purs et durs de la séparation. Il doit donc être honni. Surtout, il ne doit pas être admiré. Et pourtant ce n'est pas peu pour le dix-huitième enfant d'un couple ouvrier de Shawinigan d'avoir été à la tête de tant de ministères canadiens et de devenir finalement premier ministre, sans l'ombre d'un scandale pendant une carrière de 32 ans. Mais voilà, il ne fait pas partie de l'élite traditionnelle du Québec!

La tactique de l'injure pour entretenir la haine contre un adversaire était la tactique préférée du Parti communiste français, qui lui aussi se prenait pour toute la France et reléguait tous ses adversaires aux rangs de traîtres. C'est peut-être une tactique efficace, mais elle n'a pas sa place dans la bouche de gens qui se disent démocrates. Le mardi 18 août 1992, *Le Devoir* publiait un article de Richard Vigneault intitulé: ***La langue de bois des ténors nationalistes:*** *quand l'invective et l'incantation remplacent l'argumentation.* En voici quelques extraits, qui démontrent que ce que décrivait Kahn (cité plus tôt) est monnaie courante au Québec:

> "*Irrecevable, inacceptable, imbuvable:* les grands mots en 'able' sont lâchés et celui qui les profère avec un grand effet d'indignation ... c'est Gérald Larose. Il n'y a pas de plus grand pourfendeur de textes en provenance d'Ottawa, bien que le doute subsistera toujours sur le fait qu'il les ait entièrement lus avant que de les pourfendre ... Son vocabulaire, la plupart du temps incendiaire, n'a d'égal que sa propension à parler au nom de toutes les Québécoises et de tous les Québécois, en un mot, du peuple." Citons encore Gérald Larose sur l'entente Clark (*Le Devoir,*

10 juillet 92): 'Le peuple du Québec ne se laissera pas enterrer vivant.... J'espère que le Parti libéral n'est pas composé seulement d'imbéciles'.

"Quant à Jean Campeau ... il est tout à fait déconcertant (de l)'entendre prophétiser 'l'apocalypse économique du Québec' en raison de 'la démence du dossier constitutionnel' ... Un Québec souverain y pensera deux fois plutôt qu'une, avant de s'y associer économiquement" (*Le Devoir*, 17 juillet et 4 août 1992).

"... M. Bourassa trahit et méprise ... il prend les Québécois pour des caves et des imbéciles faciles à berner... (les mots de Jacques Brassard) explosent comme des bombes, laissant hélas la pensée en débris et les arguments en miettes ..."

"(On vogue) ... entre le très maoïste 'les chiens de garde sont rentrés dans leur niche' du président des Jeunes péquistes parlant de son vis-à-vis chez les Jeunes libéraux" (*Le Devoir,* 31 juillet 92) et le théâtral 'couteau sur la gorge des Canadiens' (très tragédie grecque) de Jacques Parizeau ... "

"Cette tendance à rendre le gouvernement fédéral et ce qu'on appelle non sans un certain mépris le ROC (Rest of Canada), responsables de tout ce qui va mal au Québec, s'installe lentement mais sûrement dans l'argumentation nationaliste, laquelle substitue trop souvent la facilité à la démonstration."

"... À travers ce langage cru et provocateur qui dresse les uns contre les autres, s'édifie lentement un système dans lequel la pensée se réduit à sa plus simple expression et mène inévitablement à l'affrontement ..."

Et, naturellement, le slogan "Jean Chrétien tua Meech", est une grande réussite des propagandistes séparatistes. Voyons ce que disait Meech:

(1) Meech constitutionnalisait un accord administratif qui donnait au Québec le droit de choisir ses réfugiés et immigrants, lui garantissait sa juste part d'immigrants plus 5 %. Le Québec serait responsable de l'accueil et de l'intégration de ses immigrants et recevrait les fonds nécessaires du fédéral.

(2) Les sénateurs et les juges de la Cour suprême provenant du Québec seraient choisis par le fédéral parmi des candidats soumis par le gouvernement québécois.

(3) Si le gouvernement fédéral voulait lancer des programmes conjoints dans des champs de juridiction provinciale, le Québec ou toute autre province aurait le droit de ne pas y participer et d'instituer ses propres programmes compatibles avec ceux que proposait le fédéral et de recevoir une juste compensation.

(4) Le Québec et toute autre province auraient un droit de veto sur tout amendement futur de la Constitution.

(5) Il y aurait une conférence constitutionnelle tous les ans pour discuter de la réforme du sénat, des pêches, etc.

Remarquons d'abord que le sujet de l'immigration (1) était déjà acquis au Québec. Le choix des sénateurs et juges (2) présentait un problème: qu'arriverait-il si un gouvernement provincial proposait une liste de candidats qui n'étaient pas acceptables au fédéral? L'accord du Lac Meech ne contenait pas une procédure de règlement du différend. Mais le veto provincial sur les amendements constitutionnels (4) présentait la plus grande difficulté. Cette clause permettait à toute province, le Québec inclus, de bloquer tout amendement constitutionnel futur.

Jean Chrétien avait averti le gouvernement conservateur qu'il y aurait, quelque part au pays, opposition au veto pour chaque province avant que certains autres amendements constitutionnels ne soient acquis, surtout la réforme du sénat et les droits des autochtones. Les gouvernements provinciaux avaient tous appuyé Meech, mais Chrétien avait bien peur que l'un ou l'autre céderait à des pressions politiques chez lui et retirerait son appui, comme M. Bourassa l'avait fait pour l'accord de Victoria en 1971.

Et c'est ce qui arriva. Certains groupes de pression dans les petites provinces voulaient un sénat fort, à l'américaine. Clyde Wells, fraîchement élu comme premier ministre de Terre-Neuve, croyait ferme aux vertus d'un sénat à l'américaine: la plupart des premiers ministres provinciaux n'en voulaient pas parce que des sénateurs élus seraient des rivaux puissants pour les premiers ministres provinciaux. Mais à l'Ouest, les groupes de pression qui voulaient une réforme du sénat étaient forts: ce sont eux qui donnèrent tant de sièges au Reform Party en 1993.

Quant aux néodémocrates, ils s'étaient donné comme tâche de défendre les droits des autochtones qui votaient pour eux dans différentes provinces de l'Ouest. Et les autochtones avaient peur que leurs revendications ne fussent ignorées si tous les gouvernements provinciaux obtenaient le veto constitutionnel que leur donnait Meech.

Un comité, sous la présidence de Jean Charest (appuyé vigoureusement par Jean Chrétien), a presque sauvé Meech en ajoutant des ingrédients à la recette pour calmer les critiques de l'Ouest et d'ailleurs. Mais M. Lucien Bouchard dénonça ce processus de compromis (et souvenez-vous, il n'y a que les compromis qui marchent). L'abandon du gouvernement Mulroney par M. Lucien Bouchard fut la mort de Meech.

Les propagandistes séparatistes ont mis le paquet: la mort de Meech, disaient-ils, était une humiliation pour le Québec, un camouflet, un acte de mépris envers les Québécois qui s'étaient fait dire NON par le reste des Canadiens. Trahison!

Et pourtant les séparatistes purs et durs auraient dû être contents de l'échec de Meech parce qu'ils n'aimaient pas du tout cet accord. Voici ce que M. Jacques Parizeau écrivait à ce sujet:[18]

" ... Et voilà que maintenant on insérerait dans la Constitution le droit du gouvernement fédéral de créer des plans conjoints dans les champs de compétence exclusive des provinces en autorisant une juste compensation (mais donc pas nécessairement une pleine compensation) pour la province qui ne veut pas participer, à la condition qu'elle engage dans la voie ouverte par le fédéral des programmes qui sont compatibles avec ceux du gouvernement fédéral. On imagine que ce sera la Cour suprême qui interprétera le sens de juste et de compatible. Comme moyen de limiter le pouvoir de dépenser du gouvernement fédéral, c'est assez grotesque ..."

Or, si l'Accord du Lac Meech était "grotesque", pourquoi M. Parizeau et les autres séparatistes furent-ils si fâchés quand Meech mourut? J'ai posé la question à une connaissance séparatiste au parlement fédéral: "Vous n'en vouliez pas. Vous ne l'avez pas eu. De quoi vous plaignez vous?"

"Vous ne comprenez pas, me répondit cette personne très courtoise. On nous a dit NON. On nous a humiliés."

Je ne l'ai pas dit, mais j'ai pensé que si je m'étais senti humilié chaque fois qu'une femme m'avait dit non, j'en serais mort.

Non, ce n'est pas démocratique, ce n'est pas logique, ce n'est pas adulte, ce n'est même pas sain, quand on vit en société, quand on est membre d'une association, de se sentir humilié chaque fois qu'on se fait dire non. Même dans un Québec indépendant, comme dans n'importe quel pays indépendant, bon nombre de citoyens se feront dire non tous les jours, parce qu'on ne peut pas dire oui à tout le monde. La vraie humiliation, c'est d'être un parent indigne, par exemple, pas de se faire refuser une requête politique. Mais l'*humiliation* est un autre de ces slogans émotifs qu'utilisent les propagandistes, ou les entraîneurs d'équipes de hockey junior: "On va se laisser humilier? Sortez sur la glace et cassez-leur la gueule, *shit de marde*!"

L'article de M. Parizeau dans *Le Devoir* du 6 mai 1987, critiquant Meech, ne parlait pas d'humiliation. Il parlait plutôt de son refus d'accepter les idées provenant du fédéral. Il disait que Duplessis s'était toujours opposé aux programmes conjoints avec le fédéral. Et M. Parizeau trouvait inacceptable que le fédéral ait utilisé son pouvoir de dépenser pour forcer les provinces à s'engager dans des voies ouvertes par le fédéral. C'est une procédure que les séparatistes québécois ont toujours qualifiée de coup de force.

Pourtant, l'assurance-maladie était un coup de force fédéral. C'était une incursion fédérale dans une juridiction provinciale. La plupart des gouvernements provinciaux n'en voulaient pas et résistèrent farouchement. Demandons-nous si nous, les Québécois, sommes contents que le fédéral ait forcé les gouvernements provinciaux à adopter un système universel d'assurance-maladie et d'hospitalisation, payé à même les impôts et offrant les mêmes soins aux pauvres comme aux riches?

L'assurance-chômage est un autre de ces coups de force du fédéral, une autre intrusion dans une juridiction provinciale. Les ouvriers qui ont des emplois et leurs employeurs contribuent au fond d'assurance-chômage qui distribue des prestations aux sans- emplois. C'est un programme d'entraide, une sorte de péréquation où les mieux nantis aident les moins bien nantis. Cela permet au fédéral de prendre de l'argent des provinces les plus riches et de le donner aux chômeurs des provinces les moins riches.

Le gouvernement fédéral, maintenant, veut utiliser le fond d'assurance-chômage pour financer la formation des chômeurs. Ce seront les non-chômeurs des provinces relativement riches (la Colombie-britannique, l'Alberta et l'Ontario) qui paieront la formation des chômeurs des provinces les moins riches, dont le Québec. Et tous les séparatistes et même certains nationalistes modérés se plaignent que le fédéral envahit encore une fois une juridiction provinciale, l'éducation.

Or, il n'est pas question d'ingérence fédérale dans le domaine de l'éducation au Québec. Un chômeur québécois dit qu'il veut devenir plombier (il faut bien qu'il ait le droit de choisir, il y va de sa dignité). Le fédéral, alors, paie un CÉGEP au Québec pour donner la formation au chômeur qui veut devenir plombier. Le fédéral, donc, utilise une institution québécoise et ne s'ingère pas dans les programmes ou les politiques de cette institution.

Pourquoi le fédéral ne céderait-il pas l'assurance-chômage aux provinces afin qu'elles récoltent les contributions et payent pour la formation des chômeurs? Parce que si l'assurance-chômage devenait provinciale, Ottawa ne pourrait plus prendre l'argent des travailleurs mieux nantis d'une province pour le donner aux chômeurs d'une autre province. Cette explication n'est jamais donnée par les propagandistes du séparatisme, car le séparatisme ne peut pas admettre que le fédéral puisse bien agir au Québec.

Foncièrement, ce furent des arguments de cette sorte qui firent mourir l'accord de Charlottetown, qui essayait de satisfaire tout le monde. Les médias québécois aiment dire que le reste du Canada croyait que l'accord de Charlottetown donnait trop au Québec, tandis que les Québécois trouvaient qu'on ne leur donnait pas assez. Mais les séparatistes disaient aussi que l'accord donnait *trop* aux petites provinces et réduisait de cette façon le poids du Québec dans la fédération.

Le vote au référendum sur Charlottetown fut précédé au Québec par la tactique du **couteau sur la gorge,** comme l'appelaient Léon Dion et M. Parizeau. C'est une tactique qui n'a jamais marché, même quand celui qui tient le couteau est le plus fort. Après la Première Guerre mondiale, les Alliés victorieux étaient certainement les plus forts. Ils imposèrent une paix "couteau sur la gorge" aux Allemands. De là, sortit la Deuxième Guerre mondiale.

Les membres séparatistes de la Commission Bélanger-Campeau qui se faisaient le plus entendre étaient les grand maîtres de la langue de bois. Leurs discours étaient tellement violents qu'ils faisaient les manchettes même dans de petits journaux au Canada hors Québec. Cette sorte de discours est contagieuse. Des gens qui allaient plus tard voter pour le Reform Party ripostaient avec des propos tout aussi haineux, qui faisaient des manchettes jusqu'au Québec. Dans des bourgs comme Brockville ou Sault-Sainte-Marie, des *rednecks* s'égosillaient pour insulter les Québécois et les ténors québécois de la langue de bois leur rendaient bien la pareille.

Dans les circonstances, c'eût été un miracle si Charlottetown était passé. Les Québécois savaient que le projet de constitution serait défait dans le reste du Canada. Le reste du Canada savait que le projet serait défait au Québec. À quoi bon voter oui?

La même période produisait le *Rapport Allaire,* qu'on pourrait décrire comme la constitution d'Yvon

Deschamps (un Québec indépendant au sein d'un Canada fort et uni) ou l'indépendance avec des subsides provenant du reste du Canada. C'était une période bizarre, pleine de passion et de rage. Et, il faut le dire, trop peu de Canadiens hors Québec comprenaient le nationalisme québécois.

Comme je l'ai dit dans l'Introduction de ce livre, le nationalisme est une constante de l'histoire du Québec depuis la conquête, c'est un élément essentiel de notre vie collective. Nous n'avons pas à nous en excuser. Ce n'est pas une passion blâmable ou un vice honteux. Pour la grande majorité des Québécois, le nationalisme n'est pas une manifestation de haine (comme on a pu l'entendre dans la bouche de Gérard Larose, déjà cité). Pour la grande majorité des Québécois, le nationalisme est une saine affirmation de leur identité, de leur merveilleuse capacité de survivre. C'est une affirmation de notre volonté de faire face à la concurrence d'où qu'elle vienne. Quand nous en avons ainsi décidé, nous avons brillamment réussi à relever les défis dans tous les domaines.

La question à laquelle on doit répondre au référendum, quels que soient les mots qui l'expriment, touche à toutes ces choses, à tous les souvenirs bons ou mauvais, aux progrès qu'ont faits les Québécois au sein du Canada. Peuvent-ils continuer à obtenir d'autres réussites au sein du Canada? Ces réussites seraient-elles suffisantes pour convaincre une majorité de Québécois que rester au sein du Canada ne serait pas si mal, serait mieux que l'inconnu de la séparation?

CHAPITRE 5

LA TROISIÈME PÉRIODE

Quand on a ressassé, comme nous venons de le faire, les guerres constitutionnelles, il devient évident que les amendements constitutionnels ne semblent pas avoir d'avenir. Il n'est pas étonnant, donc, qu'un homme pragmatique comme Jean Chrétien ait conclu qu'il ne faut plus emprunter cette voie pour régler nos problèmes. Oui, la fédération canadienne doit évoluer; mais elle ne peut pas le faire en amendant constamment la Constitution. Chaque fois qu'on propose de changer quelque chose, chaque premier ministre provincial demande: "Combien êtes-vous prêts à payer pour que je dise oui?"

Donc, Jean Chrétien préférerait procéder par des accords administratifs entre une province et Ottawa, disons entre le gouvernement du Québec et le gouvernement fédéral — entre l'Assemblée nationale et le Parlement fédéral. Les autres gouvernements provinciaux n'auraient pas leur mot à dire quant à la rédaction de ces accords; le marchandage interminable des conférences constitutionnelles serait évité. C'est par de tels accords administratifs, d'ailleurs, que le Québec a pu établir sa propre Caisse de dépôts, pour ne donner qu'un seul exemple. Ces accords administratifs seraient des contrats entre le fédéral et son partenaire provincial. La Cour suprême a toujours reconnu que de tels contrats lient les signataires, comme, par exemple, le contrat entre le Québec et Terre-Neuve sur les chutes Churchill.

La mondialisation de l'économie, le besoin constant d'être concurrentiel face aux investisseurs et, donc, de ne pas augmenter les impôts sur les compagnies, tous ces facteurs dictent la voie du rétrécissement aux gouvernements. On ne verra plus le fédéral s'immiscer dans des juridictions provinciales en utilisant son pouvoir de dépenser. Au contraire, dit Chrétien, "on s'entendra pour savoir quel palier de gouvernement peut le mieux fournir un service au public au plus bas prix; et c'est ce palier qui fournira le service et aura les ressources fiscales nécessaires pour le faire. Si le fédéral devait se retirer de certains domaines, ça ne serait pas la fin du monde. On pourrait accomplir tout ça en signant des ententes administratives, sans gaspiller nos énergies durant des années dans des sans-issue constitutionnels". Voilà la réponse de Chrétien à la proposition des séparatistes.

Évidemment, ce désir du premier ministre Chrétien d'éviter les sans-issue constitutionnels ne fait pas l'affaire des séparatistes, qui veulent s'en servir pour prouver que le Canada ne marche pas. De toute façon, les séparatistes ne sont pas intéressés à la proposition de Chrétien. Ils ont publié leur question référendaire sous forme d'avant-projet de loi déclarant que le Québec est un pays souverain qui devrait se séparer du Canada.

Avant la publication de la question référendaire (que M. Parizeau lui même qualifia "d'astucieuse"), il y eut une période de flottement, d'incertitude et d'énervement au Québec, bien illustrée par de longs articles écrits en fin d'année 1994 dans *La Presse* et d'autres journaux, donnant des conseils au nouveau gouvernement Parizeau: il fallait faire ceci et ne pas faire cela. Le 7 novembre 1994, M. Parizeau déclarait qu'il ne fallait pas dire avant le référendum ce qui arriverait si le OUI gagnait, parce que ce que le OUI voulait dire diviserait les Québécois. Le professeur Rodrigue Tremblay, ex-ministre péquiste, écrivait dans *La Presse* que, oui, il fallait dire ce que OUI voulait dire sinon le OUI perdrait.

Ça vaut la peine de se souvenir des points saillants des articles de M. Tremblay, parce qu'ils résument bien les accusations séparatistes, c'est-à-dire les "symptômes de la maladie" qu'est le fédéralisme aux yeux des séparatistes, une "maladie" qu'on ne peut guérir, disent-ils, qu'en quittant le Canada. La thèse principale de M. Rodrigue Tremblay est que la Constitution Trudeau a placé au Québec "des bombes à retardement", que seule une victoire du OUI pourrait désamorcer. Je donne en lettres grasses ses descriptions des bombes; mes réponses suivent en lettres italiques:

Les immigrants: le fédéral les laisse entrer pêle-mêle et le Québec sera inondé par des étrangers qui ne

sauront même pas parler français. *Personne ne peut immigrer au Québec sans la permission du gouvernement québécois (l'accord* **administratif** *fédéral-provincial Cullen-Couture).*

Le multiculturalisme finance à même les impôts des Québécois le développement d'une tour de Babel au Canada. *Chaque citoyen paye moins d'un dollar par an pour le multiculturalisme, soit un total de 25 millions de dollars. Pour comparer, chaque Canadien hors Québec a payé annuellement à nous autres Québécois, 300 $ en moyenne par an, de 1977 à 1992, un total de 5,9 milliards par an de plus que la Belle Province ne paye au fédéral annuellement (voir tableau p. 120).*

Les Indiens vont causer des difficultés au Québec parce que la réforme constitutionnelle de 1982 "constitutionnalise" les droits des autochtones. *Personne n'avait constitutionnalisé les droits des bébés phoques quand Brigitte Bardot devint leur protectrice et souleva l'opinion internationale contre nos chasseurs de phoques. Les autochtones ont compris la force de la publicité et ils dament le pion à l'Hydro -Québec aux États-Unis en se présentant comme les innocentes victimes des méchants Blancs. L'indépendance du Québec ne mettrait pas fin à cette tactique des autochtones; bien au contraire, ils demandent déjà le droit de décider de se séparer du Québec.*

La Charte des droits fédérale réduit les pouvoirs de l'Assemblée nationale du Québec. *Mais la Charte des droits fédérale est quasiment identique à la Charte du Québec votée par l'Assemblée nationale en 1976 et qui, elle aussi, "lie la Couronne" (art. 54), c'est-à-dire, réduit les pouvoirs du gouvernement élu. Eh oui, à cause de ces chartes, c'est moins facile* *pour les politiciens et fonctionnaires fédéraux et provinciaux de tripoter les droits des individus; beaucoup de politiciens et de bureaucrates n'aiment pas ça. Mais ça protège le citoyen.*

L'affreux *statu quo* **à l'intérieur duquel le Québec ne peut pas avancer!** *En moins de trois décennies à partir de 1960 et malgré ses "chaînes" fédérales, le Québec, comme nous l'avons vu, a réussi sa révolution tranquille, passant d'un seul bond du XIX* *au XX* *siècle; transformant son système d'éducation, se dotant d'un réseau de santé qu'envient les Américains; créant l'Hydro, la Caisse de dépôts et de placements; prenant d'assaut les sommets du monde des affaires et du commerce que les Québécois avaient boudés, entrant de plain-pied dans la haute technologie; donnant naissance à une marée de scientifiques, d'artistes, de musiciens, d'écrivains, de gens de scène et de l'écran.*

Les détestables centralisateurs fédéraux: *que ferait sans ce mythe le bon professeur Tremblay? Quand M. Trudeau prit le pouvoir en 1968, 60 % des dépenses publiques étaient gérées par le fédéral et 40 % seulement par les provinces. En 1984, c'était inversé: 60 % aux provinces, 40 % au fédéral. La proportion des deniers publiques dépensés par les paliers de gouvernement d'une fédération est la mesure de centralisation ou de décentralisation d'une fédération. Sous les libéraux "centralisateurs", le Canada est devenu la fédération la plus décentralisée au monde, n'en déplaise à M. Parizeau, qui disait le contraire à l'Assemblée nationale, au Palais-Bourbon à Paris, en janvier 1995.*

Et puis la *minorisation*, *ce cauchemar de M. Tremblay. Le Parti libéral détient la balance du pouvoir en Allemagne depuis longtemps, avec 5 ou 6 % du vote. Les Québécois ont toujours été habiles sur le plan électoral. Nos 75 sièges sur 295 au parlement fédéral nous ont bien servis. Durant 35 des 46 dernières années, le Canada a été géré par un premier ministre québécois — voilà la "minorisation" politique du Québec qu'a apportée la réforme constitutionnelle de 1982!*

Les intérêts "supérieurs" du Québec ne peuvent être servis que par un gouvernement émanant de l'Assemblée nationale *(gouvernement péquiste sous-entendu). C'est un thème qui sous-tend l'argumentation du professeur Tremblay. Il est apparenté à la tendance du Parti québécois de se prendre pour le Québec tout entier. Cela sous-tend aussi l'expression "un gouvernement de trop". Il y a une autre façon de voir ce problème. Comme nous l'avons vu, l'économiste Albert Breton démontrait dans le rapport de la Commission royale MacDonald que la concurrence entre paliers de gouvernement dans un système parlementaire et fédéral en même temps, est tout aussi normale et tout aussi nécessaire que la concurrence entre différentes entreprises. Cela améliore la qualité et réduit le prix des services publics fournis aux citoyens. Les monopoles nous coûtent cher, en politique comme en affaires.*

D'autres experts séparatistes ont écrit en même temps que le professeur Tremblay, mais ils n'avaient pas accordé leurs violons, même après la publication de l'avant-projet de loi qui sera au cœur de la question référendaire. La question sera la suivante:

"Êtes-vous en faveur de la loi adoptée par l'Assem-blée nationale déclarant la souveraineté du Québec? OUI ou NON?"

La loi en question, qui est encore sous forme d'avant-projet, contient certains articles qui vont poser des problèmes. Je sais que dès qu'on dit ça, on se fait accuser par les séparatistes de " terrorisme verbal "; mais il y a une différence entre faire du terrorisme verbal et voir les choses comme elle le sont en réalité.

Je répète ce que je disais au tout début, je ne suis pas de ceux qui se préoccupent outre mesure de savoir si le projet de M. Parizeau est légal ou non. Ce projet n'est pas dans le cadre de la loi qu'est la Constitution canadienne; aucun État ne prévoit la séparation dans sa constitution. M. Parizeau lui-même définit un Québec indépendant comme ayant un territoire indivisible: c'est-à-dire que la Constitution d'un Québec indépendant ne contiendrait aucun mécanisme qui permettrait à une partie du territoire québécois de se séparer. C'est exactement le cas pour le Canada: la séparation du Québec n'est pas constitutionnelle; cependant, si une majorité indéniable de Québécois répondait OUI à la question référendaire, nous aurions choisi la séparation.

Quant à la reconnaissance d'un Québec indépendant par d'autres pays, commentant la visite de M. Parizeau à

Paris en quête de reconnaissance, Christian Rioux disait ceci à la page 1 du *Devoir*, le 28 janvier 1995:

> "Il se pourrait ... que Jacques Parizeau soit venu à Paris pour enfoncer une porte ouverte ... S'il y a un endroit au monde où le débat sur la reconnaissance internationale du Québec n'existe tout simplement pas, c'est bien la France...

> "Est-ce à dire que les Français sont devenus souverainistes? Pas pour deux sous ... beaucoup croient aux vertus du fédéralisme, plusieurs sont allergiques à toute forme de nationalisme, d'autres ont tout simplement un petit faible pour les Rocheuses, convaincus qu'elles sont à quelques centaines de kilomètres à l'est de Montréal...

> "C'est aussi mal connaître la France que de s'imaginer que les déclarations d'Édouard Balladur et de Jacques Chirac changeront quoi que ce soit à la politique française à l'égard du Canada. Dans un pays où la discipline de parti n'existe pas... on est habitué à ces petites phrases. Ce qui provoque régulièrement à Ottawa et à Québec de véritables scandales politiques, passe souvent ici totalement inaperçu..."

Je répète ce que j'ai dit dans l'Introduction: éventuellement, un Québec indépendant serait reconnu par d'autres pays, mais pas sans difficultés, comme nous allons le voir. Le Canada aussi aurait des difficultés. Et nous, les Québécois, nous ne pouvons pas simplement dire: "Ça sera leur problème, pas le nôtre." Certaines circonstances inévitables rendraient très difficile la conclusion d'un accord qui maintiendrait l'association économique entre le Québec et le reste du Canada. Or, l'article 2 de l'avant-projet de loi de M. Parizeau dit ceci:

> Le gouvernement (du Québec) est autorisé à conclure avec le gouvernement du Canada un accord **"consacrant le maintien"** d'une association économique entre le Québec et le Canada.

L'article 1 proclame que *"le Québec est un pays souverain"*. L'ordre des articles n'est sûrement pas fortuit. Premier objectif: **la souveraineté;** deuxième objectif: **le maintien de l'association économique entre le Québec et le Canada.** Ou, en d'autres mots, "divorçons d'abord" (article 1) et remarions-nous tout de suite après" (article 2).

Évidemment, M. Parizeau accorde une très grande importance au remariage rapide, au **maintien de l'association économique qui existe déjà** entre le Québec et le Canada; une importance si grande que l'article 16 de l'avant-projet de loi dit ceci:

> La présente loi entre en vigueur un an après son approbation par référendum, à moins que l'Assemblée nationale ne fixe une date antérieure. **Cependant les articles 2 ... et 15 entrent en vigueur le**

lendemain du jour où la présente loi est approuvée par référendum;

et L'article 15 dit ceci:

Le gouvernement peut conclure avec le gouvernement du Canada tout accord relatif au partage des biens et des dettes du Canada...

Donc, l'article 15, qui traite aussi des négociations touchant aux relations économiques, est le pendant de l'article 2. Ces deux articles entrent en vigueur **le jour suivant un vote pour le OUI,** parce que les négociations avec le Canada seraient matière urgente. D'après le *Guide de participation aux commissions sur l'avenir du Québec* distribué par le gouvernement de M. Parizeau en janvier 1995, **"le Canada est le premier marché d'exportation pour les entreprises québécoises. Au total, les échanges commerciaux entre le Québec et le Canada dépassent les cent milliards de dollars".**

Donc, le lendemain d'un OUI, M. Parizeau chercherait à entamer des négociations économiques et commerciales très complexes avec le fédéral et les autres provinces, pour assurer le maintien de l'association économique entre le Québec et le Canada et le partage des biens et de la dette.

Pour entamer ces négociations avec un Québec séparé, les autres provinces du Canada devraient écrire une nouvelle Constitution, créer un nouvel État qui ne comprendrait pas le Québec. Le pays actuel qu'est le Canada est défini dans sa Constitution comme comprenant le Québec. Rien dans cette Constitution ne permet au gouvernement fédéral de négocier le démantèlement du pays. M. Parizeau sait très bien qu'un nouvel État a besoin d'une constitution bien à lui. L'article 3 de son avant-projet de loi dit ceci:

> Le gouvernement doit, conformément aux modalités prescrites par l'Assemblée nationale, pourvoir à l'élaboration d'un projet de constitution pour le Québec et à son adoption.

Donc, je répète, si le Québec se séparait, le reste du Canada aurait aussi à "pourvoir à l'élaboration d'un projet de constitution..." Même dans le monde des affaires, la scission d'une entreprise nécessite la rédaction d'une nouvelle charte pour chacune des deux moitiés.

Comment se passeraient les choses? Il y a trois scénarios possibles. Commençons par le pire, continuons avec le meilleur et finissons avec le probable. Il est important de noter que certains dénouements se retrouvent dans plus d'un des scénarios. Il s'agit, après tout, de trois options pour le même divorce et elles se recoupent inévitablement.

LE PIRE SCÉNARIO

Selon la loi de Murphy, *"If anything can go wrong, it will"*, ou, en français: "Ce qui peut mal aller, mal ira." Au Parlement fédéral, le lendemain d'une victoire du OUI, divers politiciens fédéraux, M. Preston Manning en tête, se lèveraient pour mettre en doute la légitimité des membres québécois du Parlement fédéral et du gouvernement fédéral lui-même.

Certains politiciens du "reste du Canada" agiront ainsi par conviction profonde, d'autres pour prendre le pouvoir ou le poste de chef de parti. La vie politique est comme ça. M. Lévesque quitta le Parti libéral et se mit à lui faire la guerre. M. Parizeau quitta le gouvernement péquiste et fut l'étoile des frondeurs qui répandaient les rumeurs d'après lesquelles Lévesque était incapable de gouverner. Puis, M. Parizeau renversa le chef du P.Q., M. Pierre-Marc Johnson. MM. Allaire et Dumont lâchèrent M. Bourassa. M. Guy Bertrand, séparatiste de la première heure, tire dans les jambes de M. Parizeau, ces jours-ci. La vie politique est ainsi faite...

M. Preston Manning nous a déjà donné un avant-goût de ce qu'il ferait si le OUI gagnait. Ses interventions au Parlement et les discours de ses partisans donnent une bonne idée de leurs positions, après une victoire du OUI:

- Le Québec aurait à assumer une plus grande part de la dette du Canada que le pourcentage proposé par M. Parizeau.

- Tous les députés du Québec seraient sommés de démissionner du Parlement fédéral, parce qu'il serait "indécent" que le démembrement du Canada soit négocié entre Québécois.

- Un Québec indépendant ne devrait pas avoir le droit de garder les territoires qui lui furent ajoutés après 1867. Des partisans de Manning demanderaient tout haut si on ne devrait pas utiliser la force pour enlever les territoires en question à un Québec indépendant.

- M. Manning et ses fiers-à-bras utiliseraient des excès de langage qui rappelleraient ceux de MM. Gérald Larose et Jacques Brassard, qui riposteraient à leur tour. On aurait un déluge de "Non mais, pour qui nous prennent-ils ces innommables personnages?". Les mots "humiliation", "mépris", "trahison", seraient hurlés sur toutes les lignes ouvertes et dans les deux langues officielles, des deux cotés de la rivière des Outaouais. Les voyous seraient à l'affiche.

Souvenons-nous de la campagne référendaire quasi hystérique de 1992 sur le projet d'accord constitutionnel de Charlottetown. Souvenons-nous de ce que disaient les enragés des lignes ouvertes où les coups volaient très bas.

Est-ce que la séparation du Québec pourrait se faire dans une atmosphère moins survoltée, d'un océan à l'autre, que celle du débat référendaire de 1992, alors qu'il s'agissait de changements beaucoup moins radicaux que le démantèlement du Canada proposé par M. Parizeau?

Donc, après une victoire du OUI, dans une atmosphère survoltée, les neuf provinces du reste du Canada devraient écrire une nouvelle Constitution. Pour contrebalancer le poids démographique de l'Ontario, les petites provinces demanderaient un sénat fort, à l'américaine, avec un nombre égal de sénateurs par province — et ce ne serait que la première difficulté.

Cela pourrait-il se faire en moins d'un an, le délai maximum que donne au reste du Canada l'avant-projet de loi de M. Parizeau? Meech a pris cinq ans (deux ans de négociations, trois ans pour la ratification) et a échoué. M. Parizeau a dit que si le reste du Canada ne négociait pas tout de suite, il refuserait de verser la part québécoise des paiements sur la dette du Canada. Jean Campeau, ministre des Finances, répétait cette menace le 6 février 1995. C'est du chantage, de la politique du couteau sur la gorge et ça ne marche jamais. D'ailleurs, refuser de payer ses dettes ne fait pas bonne impression. Qui prêterait à un nouveau pays qui refuse de payer ses dettes?

Ce qui précède n'est pas de la science-fiction. Allez trouver à la Bourse un courtier séparatiste et demandez-lui ce qui arriverait dans de telles circonstances d'incertitude et d'hostilité? Il vous en ferait du terrorisme verbal! Votre courtier séparatiste vous répondrait que les dollars canadiens, les obligations en dollars canadiens seraient vendus, dans de telles circonstances, par tous ceux qui les détiendraient, étrangers, Québécois et autres Canadiens. La valeur du dollar coulerait à pic (ce serait comme si personne ne voulait de notre dollar). Les taux d'intérêt exigés par les prêteurs étrangers ou domestiques seraient faramineux. Les hypothèques, l'achat de voitures, les cartes de crédit, les emprunts pour les fonds de roulement des entreprises, tout serait beaucoup plus cher.

Le Québec serait affecté au moins autant que le reste du Canada, si ce n'est que parce qu'il aurait comme monnaie le dollar canadien (article 6 de l'avant-projet de loi de M. Parizeau: *la monnaie qui a cours légal au Québec demeure le dollar canadien*). Le coût de la vie pour tout le monde, d'un océan à l'autre, atteindrait de nouveaux sommets. Que feraient les Canadiens hors Québec face à cette crise économique? Ils se fâcheraient. Et ils blâmeraient le gouvernement séparatiste du Québec — après tout, le référendum de M. Parizeau aurait lprolongé le calvaire économique des Canadiens hors Québec (et des Québécois aussi). L'élaboration de nouveaux instruments constitutionnels pour rendre légale la séparation du Québec ne serait pas un point prioritaire pour le reste du Canada. Ce ne serait pas "un divorce en velours", comme en Tchécoslovaquie.

Le gouvernement slovaque, **pas le peuple,** demanda la séparation. Écœurés de se faire traiter d'incultes, de gens qui ne pensent qu'à l'argent; écœurés aussi de subventionner les Slovaques qui en remerciement se plaignaient d'être lésés, les Tchèques ont réagi: "Vous voulez partir? Bon débarras. On signe l'accord de séparation." (Il y eut même un traité établissant un marché commun qui est tombé à l'eau presque immédiatement: les Tchèques se sont cherché d'autres partenaires. Mais ceci est une autre histoire.) Le tout s'est fait ainsi, vite vite. La scission, entreprise avec le consentement des deux gouvernements en question était donc légale et ne présentait aucun problème diplomatique.

Mais en Tchécoslovaquie, il n'y avait que deux parties qui devaient s'entendre. Ici, il y en aurait onze: le Québec, les neuf autres provinces et Ottawa. Les assemblées législatives des neuf provinces canadiennes et ce qui resterait du Parlement fédéral après un OUI, prendraient beaucoup de temps avant de s'entendre sur la légitimité de la sécession québécoise; et pour s'entendre ensuite de quelle façon ces dix assemblées législatives pourraient signer quoi que ce soit avec le Québec. M. Parizeau n'aurait pas à attendre, nécessairement. Il pourrait procéder par une déclaration unilatérale d'indépendance. Et là certains problèmes surgiraient.

Des tas d'ex-colonies ont été reçues comme membres des Nations unies. Mais elles avaient accédé à l'indépendance avec l'accord de leurs ex-colonisateurs. Le

Québec, après une déclaration unilatérale d'indépendance, serait un cas particulier. Le gouvernement du Québec aurait démantelé un pays membre des Nations unies, sans l'assentiment de ce pays. Tout pays qui veut entrer aux Nations unies doit avoir l'accord des cinq membres permanents du Conseil de sécurité, soit l'Angleterre, la Chine, les États-Unis, la France et la Russie. Les Russes ne reconnaissent pas la déclaration unilatérale d'indépendance de la Tchétchénie qu'ils ont envahie. La Russie voudrait-elle créer un précédent pour la Tchétchénie en accueillant aux Nations unies un Québec qui aurait fait une déclaration unilatérale d'indépendance? Des diplomates français poseraient sûrement une question similaire à leurs supérieurs: reconnaître un gouvernement québécois qui aurait fait une déclaration unilatérale d'indépendance, ne serait-ce pas ouvrir la porte aux séparatistes corses?

Tout cela augmenterait l'incertitude, les déboires économiques et le tarissement des investissements tant au Québec que dans le reste du Canada. Hors Québec, certains se feraient du capital politique en lançant des campagnes *"Buy Canadian"*, ce qui voudrait dire: "N'achetez pas de produits québécois". Il y aurait des représailles québécoises, mais le chambardement d'un chiffre d'affaires de cent milliards ferait plus mal au Québec qu'au reste du Canada.

Ce ne serait pas facile et ça prendrait du temps, pour le Québec, de trouver d'autres marchés pour remplacer ceux qu'il perdrait dans le cas d'une rupture des relations économiques avec le reste du Canada. Prenons le lait comme seul exemple. Le Québec a un quota fédéral pour fournir plus de 40 % du lait qu'utilise le Canada. Si après la séparation le reste du Canada n'achetait plus de lait du Québec, les producteurs de lait québécois ne trouveraient pas facilement d'autres marchés. Les États-Unis et l'Europe ont d'énormes surplus de lait et n'ont aucun besoin d'en importer.

Mais supposons que, pour une fois, la loi de Murphy ne fonctionne pas et que tout se passe bien ou, plutôt, aussi bien que possible:

LE MEILLEUR SCÉNARIO

M. Parizeau, dans un de ses discours devant le Parti Québécois, diffusé à la télévision, expliquerait que tout va bien se passer, que les Anglais resteront calmes et accepteront sans broncher la sécession du Québec. Et pour expliquer cette docilité des "Anglais", M. Parizeau, dans un acte de suprême mépris, frotterait son pouce contre son index pour indiquer que les Canadiens hors Québec seraient prêts à tolérer n'importe quoi pour ne pas déranger leurs relations commerciales avec le Québec. Les Canadiens hors Québec n'ont pas une caisse enregistreuse à la place du cœur. Ils aiment leur pays passionnément. Ils verraient la séparation du

Québec comme la destruction d'un rêve qui leur est cher. Et la plupart des Québécois comprennent très bien ce sentiment — c'est ce qu'ils ressentiraient eux-mêmes si on leur arrachait l'ouest de l'île de Montréal, l'Outaouais et le Grand Nord.

Même avec la meilleure volonté au monde, les neuf législatures provinciales et ce qui resterait du Parlement fédéral, n'arriveraient pas à s'entendre sur une nouvelle Constitution — qui leur donnerait les instruments juridiques nécessaires pour accepter formellement la séparation du Québec — dans le délai d'un an que leur donne M. Parizeau. Celui-ci ferait donc sa déclaration unilatérale d'indépendance.

Comme le dit dans ses notes explicatives le *Communiqué* du 6 décembre 1994 de M. Parizeau accompagnant son avant-projet de loi:

> " ... le Québec serait un pays souverain ... Cette accession à la pleine souveraineté a déjà été définie par l'Assemblée nationale comme étant la capacité exclusive du Québec, par ses institutions démocratiques, de faire ses lois, de prélever ses impôts sur son territoire et d'agir sur la scène internationale pour conclure toute forme d'accords ou de traités avec d'autres États indépendants et participer à diverses organisations internationales."

Examinons chacun de ces trois objectifs, qui définissent l'indépendance d'après l'avant-projet de loi de M.

Parizeau, pour voir comment ils seraient affectés dans le meilleur des scénarios.

FAIRE NOS PROPRES LOIS

Au sein du Canada, si le Québec veut vraiment faire des lois qui diffèrent de celles d'Ottawa, la Charte des droits fédérale contient une clause, la fameuse clause nonobstant, qui autorise l'Assemblée nationale de mettre la plupart de ses lois à l'abri des tribunaux et QUI permet donc au Québec de légiférer à sa guise.

Croire qu'un Québec indépendant pourra faire ses propres lois comme s'il était tout seul au monde est illusoire. Le programme du PQ propose un marché commun avec le reste du Canada "après l'indépendance", comprenant la libre circulation des biens, des services, des capitaux et des personnes, une monnaie commune et une politique tarifaire conjointe — c'est ce que signifie un marché commun. Donc, dans les domaines économique et commercial, un Québec indépendant devra harmoniser ses lois avec celles du Canada, **comme c'est le cas aujourd'hui.**

Est-ce dans le domaine linguistique que les séparatistes voudraient pouvoir faire leurs propres lois sans peur de les voir déboutées par la Cour suprême du Canada comme étant contraires à la Charte des droits fédérale? Mais les parties de la Loi 101 déboutées par la Cour Suprême avaient **d'abord** été déboutées par les cours du Québec,

118

par des juges québécois, **parce qu'elles étaient contraires à la Charte des droits du Québec.** Est-ce que M. Parizeau propose d'amender la Charte québécoise des droits pour qu'elle ne garantisse plus les droits des anglophones, droits qu'il promet de protéger dans son programme?

Dans le domaine du droit criminel, un Québec indépendant aurait des lois qui interdiraient le meurtre, le viol, le vol, etc., tout comme le code criminel du Canada d'aujourd'hui.

Bref, dans le meilleur des scénarios, le droit d'un Québec indépendant de faire ses propres lois ne changerait rien pour le citoyen.

PRÉLEVER NOS PROPRES IMPÔTS

Le tableau qui suit, préparé avec les chiffres de l'Association canadienne d'études fiscales et de Statistiques Canada, démontre que le Québec reçoit plus d'Ottawa qu'il ne paye en impôts ou taxes au fédéral. Les montants comprennent une péréquation de presque trois milliards de dollars par an, plus d'autres déboursés du fédéral au Québec. Les calculs sont très complexes, les chiffres prennent du temps à être colligés parce qu'ils touchent des millions de transactions; c'est pourquoi on n'a pas de chiffres plus récents que ceux de 1992. Les séparatistes non plus n'ont pas de chiffres plus récents. Aucun fiscaliste ou statisticien qui se respecte ne conteste la validité des chiffres de ce tableau.

COMBIEN LE QUÉBEC A REÇU DE PLUS D'OTTAWA QU'IL N' A PAYÉ EN IMPÔTS ET TAXES AU FÉDÉRAL POUR LES ANNÉES 1977-1992

1977	2,759,000,000 $
1978	3,905,000,000 $
1979	3,791,000,000 $
1980	4,458,000,000 $
1981	5,364,000,000 $
1982	9,337,000,000 $
1983	9,136,000,000 $
1984	9,139,000,000 $
1985	8,852,000,000 $
1986	5,648,000,000 $
1987	4,325,000,000 $
1988	4,064,000,000 $
1989	4,905,000,000 $
1990	5,724,000,000 $
1991	6,846,000,000 $
1992	6,837,000,000 $
Total	95,090,000,000 $
Moyenne annuelle	5,943,000,000 $

Naturellement, si le Québec se séparait et n'avait plus de parlementaires fédéraux, il est impensable qu'il continuerait d'être subventionné par Ottawa. Par conséquent, le gouvernement d'un Québec indépendant aurait un manque à gagner de 5,9 milliards de dollars par an. S'il ne veut pas sabrer dans des services comme la santé, l'éducation, les pensions, les allocations familiales (des domaines qui dévorent les deniers publics), le gouvernement d'un Québec séparé devra augmenter les impôts ou s'endetter très sérieusement. Est-ce que ces calculs sont du terrorisme verbal? Non. Ils sont de l'arithmétique.

Oui, mais les dédoublements de services, alors? Tout ce gaspillage causé parce que, d'après M. Parizeau, on a un gouvernement de trop? N'épargnerions-nous pas assez d'argent en supprimant ces dédoublements pour compenser ce que nous donne le fédéral?

Le dédoublement signifie que deux fonctionnaires fournissent certains services au public quand un seul fonctionnaire suffirait. Mais M. Parizeau promet de ne pas mettre à pied un seul fonctionnaire fédéral qui fournit des services aux Québécois. Dans *Le Soleil* du 24 janvier 1995, on lisait que:

> "Le Délégué régional du Québec dans la région de l'Outaouais, Yves Blais, a donné l'assurance hier que tous les fonctionnaires fédéraux résidant en terre québécoise seront réintégrés dans un Québec indépendant."

Donc, on ne coupera pas les dédoublements. Donc, on n'épargnera pas d'argent en salaires de fonctionnaires pour compenser la perte des subventions fédérales au Québec.

CONCLURE NOS PROPRES TRAITÉS ET PARTICIPER À DIVERSES ORGANISATIONS INTERNATIONALES

Nous avons vu que le Québec, en se séparant par une déclaration unilatérale d'indépendance, aurait certaines difficultés à se faire admettre aux Nations unies. Des membres du Conseil de sécurité n'aiment pas les mouvements de sécession. La reconnaissance internationale du Québec prendrait du temps. Un Québec indépendant pourrait fonctionner même sans les cérémonies de reconnaissance si chères à ses ministres. Après tout, plusieurs pays qui font du commerce avec Taïwan ne reconnaissent pas son gouvernement.

Avant l'accession du Québec à l'ALÉNA, les États-Unis demanderaient la fin des subventions déguisées que sont les ventes d'électricité par l'Hydro-Québec, à moins du prix coûtant, pour attirer des industries américaines. Ça négocierait dur.

Pour adhérer à l'Accord de libre-échange entre le Canada et les États-Unis et à l'ALÉNA, M. Parizeau aura besoin de la permission du Canada: les premiers signataires de ces accords doivent donner leur aval avant que de nouveaux membres soient admis. Ceci était confirmé publiquement le 24 janvier 1995 par l'ambassadeur des États-Unis au Canada.

Est-ce que le Canada utiliserait son droit de bloquer l'accession du Québec à l'ALÉNA? Étant plus populeux et plus fort du point de vue économique, le reste du Canada tiendrait le gros bout du bâton. Tout dépendrait du comportement de M. Parizeau au sujet de la dette et du partage des biens, des négociations sur le maintien des liens économiques entre le Québec et le reste du Canada.

M. Parizeau a l'habitude de dire des choses qui ne contribuent pas à lui faire des amis au Canada hors Québec: par exemple, quand il a dit que si le Canada ne se pressait pas de négocier avec le Québec dans l'éventualité d'une victoire du OUI, il ne payerait pas la part du Québec de la dette du Canada; ou quand il a dit que le Canada serait obligé, même après la séparation, de financer les jeux Olympiques d'hiver, si Québec les obtenait; ou quand il se frotte le pouce contre l'index pour indiquer que les Canadiens hors Québec ne s'intéressent qu'à l'argent; ou quand il dit que les relations avec le Québec seront une visite perpétuelle chez le dentiste pour le reste du Canada.

L'antipathie qu'il susciterait chez ceux qu'il appelle les "Anglais" rendrait très ardues les négociations que veut M. Parizeau afin d'assurer le maintien de l'association économique. Le Canada ne se croira pas obligé de faire des concessions et il n'aura aucune envie d'en faire: quand on vit dans un condominium à quatre étages et que les propriétaires du deuxième proposent de l'arracher de la bâtisse, il ne faut pas s'attendre à ce que les autres soient contents ou coopératifs. Les Canadiens aiment leur pays passionnément: la séparation du Québec serait pour eux la destruction d'un rêve qui leur est cher. Ils ne feraient rien pour aider le gouvernement québécois qui aurait détruit le Canada. La plupart des Québécois comprennent très bien ce sentiment. Et je répète, c'est comme si on nous arrachait l'ouest de l'île de Montréal, l'Outaouais et le Grand Nord.

Certains séparatistes disent: "La fédération canadienne est fauchée: nous n'avons aucun intérêt à maintenir des liens avec le reste du Canada." Demandez à n'importe quel homme d'affaires s'il veut mettre fin à ses relations avec son plus gros client. Le reste du Canada est le plus gros client du Québec. Oui, le démantèlement de l'association économique existante avec le Québec comporterait des coûts importants pour le Canada hors Québec; mais les coûts par Québécois seraient encore plus élevés. Les échanges entre le Québec et le reste du Canada se chiffrent à 100 milliards de dollars par an, dit M. Parizeau. Après l'indépendance, quelles que soient les pertes dans ces échanges, il n'y aurait que 7 millions de Québécois pour les assumer *versus* 21 millions dans le reste du Canada; et les négociateurs du reste du Canada en seraient bien conscients.

LE SCÉNARIO PROBABLE

Dans les meilleures des circonstances, un Québec séparé aurait plus d'intérêt que le reste du Canada à maintenir les relations économiques actuelles. Les Canadiens hors Québec, plus nombreux et ayant plus de poids économique, tiendraient le haut du pavé et ne feraient aucun cadeau dans les négociations:

- Les représentants du reste du Canada (dans les négociations avec le Québec) seraient hostiles et contesteraient, si ce n'est que pour gagner des points, les frontières terrestres et maritimes du Québec.

- Le parlement du reste du Canada, outragé par le démantèlement du pays, refuserait la citoyenneté canadienne à ceux qui détiendraient la citoyenneté québécoise.

- Le Québec pourrait utiliser le dollar canadien mais le Parlement du reste du Canada n'accepterait jamais que le Québec ait un mot à dire sur les décisions politiques et économiques touchant le dollar. En d'autres mots, le Québec n'aurait pas sa propre politique monétaire.

- Si le reste du Canada acceptait de signer un accord pour maintenir l'association économique actuelle, le Québec n'aurait pas son mot à dire sur la conduite des affaires de l'association. Le reste du Canada serait trop ulcéré pour faire des concessions à cet égard. Dans la fédération actuelle, les Québécois membres du cabinet et du caucus du parti au pouvoir ont joué un rôle prépondérant dans la formulation des politiques de la fédération. Un Québec séparé n'aurait pas cette influence dans une association avec le reste du Canada.

- Le reste du Canada prendrait son temps (quelques années peut-être) avant de donner son accord à la participation du Québec à l'Accord de libre-échange nord américain (ALÉNA).

- Les tarifs très élevés permis initialement par le GATT pour les produits laitiers seraient appliqués par le reste du Canada sur les exportations laitières du Québec. Ceci permettrait au reste du Canada d'aider la croissance de l'industrie laitière dans ses provinces défavorisées et détruirait l'industrie laitière québécoise.

- Les circonstances du scénario "probable" aggraveraient l'incertitude économique, causeraient une hausse des taux d'intérêt, une baisse des investissements, une montée du chômage et des prix.

Un sondage CROP, publié dans *Le Devoir* du 1er février 1995, montrait que 88 % des gens d'affaires voteraient NON au référendum. Ceux qui ont la *vraie* foi séparatiste diront qu'une imposante majorité des hommes d'affaires de la province n'aime pas le Québec et fait du terrorisme verbal. Je crois qu'une imposante majorité de Québécois ne partagerait pas cette opinion séparatiste.

Pour en revenir au sondage, parmi les gens d'affaires, 84 % croient que "le projet du Parti québécois, s'il se réalisait, aurait un impact négatif à moyen terme (cinq ans) sur le développement économique du Québec"; 64 % croient que l'impact serait négatif "à long terme", bien plus que cinq ans. À 83 %, les gens d'affaires croient que "l'indépendance" du Québec aurait également pour effet d'augmer les taux d'intérêt. À 65 %, ils croient que le dollar y perdrait des plumes. À 81 %, les gens d'affaires québécois croient que la "perspective d'un Québec indépendant (inciterait) les investisseurs à retarder" leurs projets "sur le territoire québécois". Finalement, les gens d'affaires répondant au sondage CROP publié par *Le Devoir* du 1er février 1995, jugeaient à 94 % que "les négociations entre un Québec indépendant et le reste du Canada seraient "longues et ardues". Bref, les gens d'affaires croient au scénario "probable" décrit plus haut.

Si nous trouvons ce scénario "probable" trop dur, mettons-nous à la place des Canadiens hors Québec et demandons-nous si nous serions plus doux avec des gens qui auraient démantelé notre pays et chambardé notre économie...

CONCLUSION

Les politiciens et les bureaucrates vont toujours se plaindre de **l'autre** palier de gouvernement. Les séparatistes d'aujourd'hui, descendants intellectuels de Chaput, diront toujours comme lui: " ... Le séparatisme mène à l'indépendance.... Nous voulons l'indépendance parce que la dignité l'exige.... **L'unique raison de notre cause — la dignité...**"

Donc, d'un côté, au Québec, il y a la poursuite de la dignité par l'aventure de l'indépendance; de l'autre, la dignité qui s'affirme tous les jours par les réussites extraordinaires des Québécois au sein du Canada — ce que même M. Parizeau apparemment reconnaît car, dans son avant-projet de loi, il semble dire au Canada hors Québec: **"Divorçons d'abord et remarions-nous ensuite pour faire une nouvelle association économique qui sera identique à la vieille."**

Le référendum qui s'en vient nous montrera combien nombreux sont les Québécois qui croient qu'être Canadiens porte atteinte à leur dignité. Ils devraient écouter le témoignage qui suit, sur ce que les Québécois ont pu faire au sein du Canada:

"Nous avons écrit collectivement depuis trente ans de bien belles pages. Dans les années 60, nous nous sommes donné un État moderne et une vie culturelle débordante. Dans les années 70, nous nous sommes hissés en tête du peloton de la démocratisation et de l'éducation. Dans les années 80, malgré une sérieuse récession, nous avons conquis le pouvoir économique et avons multiplié notre présence dans le monde.... Ce que notre peuple a accompli en trente ans est remarquable. Une société qui n'avait pas un ministère de l'Éducation produit maintenant une technologie tellement avancée que ce qui est maintenant le plus exporté, c'est du matériel de télécommunications et nos logiciels sont utilisés de Tokyo à Hollywood. Une société dont on disait qu'elle n'avait pas le don des affaires a produit des géants industriels et financiers de renommée internationale. Une société qu'on disait sans histoire et sans littérature a maintenant ses films, ses chanteurs, des danseurs, des dramaturges, des écrivains qui font le tour du monde. Une société qu'on disait frileuse et repliée sur elle-même a encouragé comme nulle autre sur le continent le libre-échange et l'ouverture des frontières."

Les séparatistes aiment décrire le système canadien comme un *statu quo*, entendant suggérer par ces trois syllabes latines un état de choses qui ne change pas, où rien ne progresse. Encore une fois, c'est brillant comme propagande: les trois syllabes **sta-tu-quo** évoquent quelque chose de **sta-ti-que**. Mais la description du fédéralisme canadien dans la citation qui précède ce paragraphe voit dans celui-ci un système dans lequel le Québec a pu changer constamment et changer pour le mieux, à grande vitesse. Ceux qui voudraient savoir qui a écrit l'affirmation précédente, selon laquelle les Québécois peuvent tout faire au sein du soi-disant *statu quo* canadien, n'ont qu'à tourner la page.

La citation qui décrit les miracles que les Québécois peuvent accomplir au sein du Canada est de **M. Jacques Parizeau,** dans son discours télévisé, le 6 décembre 1994.

ANNEXE A

LE PROJET CONSTITUTIONNEL DE VICTORIA

La Constitution était rapatriée. Était dotée d'une Charte des droits. Le gouvernement fédéral renonçait à ses droits de se réserver certains domaines de juridiction et de désavouer (annuler) des lois provinciales. En plus, le texte de Victoria incluait les dispositions suivantes:

" ... La Constitution reconnaît et garantit à tous, au Canada, les libertés suivantes, qui sont fondamentales:

la liberté de pensée, de conscience et de religion;
la liberté d'opinion et d'expression;
la liberté de s'assembler paisiblement;
et la liberté d'association.

" Toutes les lois s'interprètent et s'appliquent de manière à ne pas supprimer ni restreindre ces libertés.

" ... Ni les lois du Parlement du Canada ni celles de la Législature d'une Province ne peuvent supprimer ni restreindre les libertés ici reconnues et garanties.

" ... Sont fondamentaux les principes du suffrage universel et la tenue d'élections libres et démocratiques...

" ... Aucun citoyen ne peut, pour des considérations de race, d'origine ethnique ou nationale, de couleur, de religion ou de sexe, être empêché de voter à des élections de la Chambre des communes et de l'Assemblée législative d'une Province, ni de devenir membre de ces Assemblées.

" ... Le français et l'anglais sont les langues officielles du Canada. Ils ont le rang et ils jouissent de garanties que leur assurent les dispositions de ce titre.

" ... Toute personne a le droit de participer en français ou en anglais aux débats du Parlement du Canada et des législatures de l'Ontario, du Québec, de la Nouvelle-Écosse, du Nouveau-Brunswick, du Manitoba, de l'Île-du-Prince-Edouard et de Terre-Neuve.

" ... Les lois et les registres et journaux du Parlement du Canada sont imprimés et publiés en français et en anglais. Les deux textes font autorité.

" ... Les lois de chacune des Provinces sont imprimées et publiées en français et en anglais...

" ... Toute personne a le droit de s'exprimer en français ou en anglais dans la procédure de la Cour suprême du Canada, de toute Cour établie par le Parlement du Canada, et de toute cour des provinces de Québec, du Nouveau-Brunswick et de Terre-Neuve, ainsi que dans les témoignages et plaidoyers présentés devant chacune de ces Cours ...

" ... Tout particulier a le droit de choisir l'une ou l'autre des langues officielles comme langue de communication lorsqu'il traite avec le siège principal ou central des ministères ou des organismes du gouvernement du Canada ainsi que des gouvernements de l'Ontario, du

Québec, du Nouveau-Brunswick, de l'Île-du-Prince-Edouard et de Terre-Neuve.

" ... Toute personne a le droit de choisir l'une ou l'autre des langues officielles comme langue de communication en traitant avec les bureaux principaux des ministères et organismes du gouvernement du Canada lorsque ces bureaux sont situés dans une région où la langue officielle de son choix est la langue maternelle d'une partie importante de la population. Le Parlement du Canada peut déterminer les limites de ces régions et établir ce qui, aux fins du présent article, constitue une partie importante de la population.

" ... Au moins trois des juges de la Cour suprême du Canada sont choisis parmi les personnes qui, après leur admission au Barreau de la Province de Québec, ont été membres d'une Cour ou du Barreau de cette Province ou d'une Cour fédérale pendant une période totale de dix ans ou plus.

" ... Personne n'est nommé juge à la Cour suprême sans l'accord du Procureur général du Canada et du Procureur général de la Province intéressée ...

" ... Pour recommander la nomination d'un candidat à la Cour suprême, le Procureur général du Canada requiert la convocation ... (d'un) collège composé comme suit: le Procureur général du Canada ou la personne qu'il désigne, le Procureur général de la Province intéressée ou la personne qu'il désigne et un Président choisi par les deux Procureurs généraux; s'ils ne peuvent s'entendre sur un Président dans les six mois

qui suivent ... alors le juge en chef de la Province intéressée ... nomme le Président.

" ... Lorsqu'une affaire dont la Cour suprême du
Canada est saisie soulève des questions de droit qui
portent sur le droit civil de la Province de Québec, ... elle
est entendue par cinq juges ou, du consentement des
parties, par quatre juges, dont trois au moins (ont été
membres du Barreau du Québec)...

" ... Le Parlement du Canada peut légiférer sur les
pensions de vieillesse et prestations additionnelles, y
compris les prestations aux survivants et invalides sans
égard à leur âge, ainsi que sur les allocations familiales,
les allocation aux jeunes et les allocations pour la formation de la main-d'œuvre, mais aucune loi ainsi édictée
ne doit porter atteinte à l'application de quelque loi
présente ou future d'une législature provinciale en ces
matières.

" ... Il incombe au Parlement et au gouvernement du
Canada ainsi qu'aux Législatures et aux gouvernements
des Provinces:

- de promouvoir l'égalité des chances pour toutes les
  personnes qui vivent au Canada et s'assurer leur
  bien-être;

- de procurer à toute la population, dans la mesure
  du possible et suivant des normes raisonnables de
  qualité, les services publics essentiels; et

- de promouvoir le progrès économique afin de réduire les inégalités sociales et matérielles entre les personnes, où qu'elles habitent au Canada.

" ... Les dispositions de ce titre n'ont pas pour effet de modifier la répartition des pouvoirs, non plus qu'elles n'obligent le Parlement du Canada ou les Législatures des Provinces à exercer leurs pouvoirs législatifs.

" ... La Constitution du Canada peut être modifiée ... pourvu que les Assemblées législatives d'une majorité des Provinces aient ... autorisé cette proclamation. Cette majorité doit comprendre:

- chaque Province dont la population comptait, à quelque moment avant l'adoption de cette proclamation, suivant tout recensement général antérieur, au moins vingt-cinq pour cent de la population du Canada;
- au moins deux des Provinces de l'Atlantique;
- au moins deux des Provinces de l'Ouest pourvu que les Provinces consentantes comptent ensemble (...) au moins cinquante pour cent de la population de toutes les provinces de l'Ouest."

ANNEXE B

TRANSCRIPTION DE L'ALLOCUTION DU TRÈS HONORABLE PIERRE ELLIOTT TRUDEAU À L'ARÉNA PAUL-SAUVÉ, LE 14 MAI 1980

Monsieur le Président, mes chers amis canadiens.

Je voudrais tout d'abord vous dire merci pour cette façon de m'accueillir. Je crois qu'il est évident, dans cette assemblée immense, il est évident que nous vivons des journées historiques.

Il y a très peu de cas, dans l'histoire des démocraties, où une partie de pays a choisi de décider pour elle-même et par elle-même si elle voulait, OUI ou NON, appartenir au pays auquel elle a toujours appartenu. Il y a très peu de moments où cela s'est vu dans l'histoire des démocraties. Et je pense que tous ceux qui sont ici ce soir, tous ceux qui ont milité pour le NON, depuis plus d'un mois, dans cette province, seront fiers de dire, lorsque...

(APPLAUDISSEMENTS)

... lorsque nos enfant, et peut-être si nous avons de la chance, nos petits-enfants, nous demanderont, dans vingt, dans trente ans:

Vous étiez là, vous autres, en mai 1980. Vous étiez là au moment où le peuple québécois a été invité à se prononcer librement sur son avenir. Vous étiez là au moment où le Québec pouvait exercer l'option de rester dans le Canada ou d'en sortir. Qu'est-ce que vous avez répondu en mai 1980? NON, c'est ça qu'on a répondu.

(APPLAUDISSEMENTS)

Je voudrais, ce soir, vous inviter à réfléchir sur la question qui nous est posée et sur les conséquences des réponses que nous pouvons donner à ces questions.

Laissez-moi, peut-être une dernière fois avant d'entrer dans l'isoloir, laissez-moi relire le gros de la question. Il y a deux choses dans cette question:

La première, c'est la souveraineté du Québec, et ça se définit dans la question même comme: *le pouvoir exclusif de faire ses lois, de percevoir ses impôts, et d'établir ses relations extérieures...*

(DANS LA SALLE: NON)

...ce qui est la souveraineté.

(DANS LA SALLE: NON)

Et si, dans cette salle, nous répondons NON, il y a, dans d'autres salles, dans d'autres parties de la province, des gens qui répondent: OUI; qui veulent vraiment, honnêtement la souveraineté.

(DANS LA SALLE :HUÉES)

Je suis de votre avis: c'est une option erronée, c'est une option qui veut, comme le disait Jean Chrétien, que nous n'envoyions plus de députés québécois pour nous gouverner, dans le Canada; c'est une option qui veut dire: l'indépendance; une option qui veut dire: la séparation du Québec du reste du pays. À cela notre réponse est NON.

(DANS LA SALLE: NON)

Mais ce n'est pas à ceux qui sont pour ou contre la souveraineté que je voudrais m'adresser ce soir. Après le référendum, j'espère que nous continuerons de nous respecter dans notre divergence; que nous respecterons l'option qui aura été exprimée librement par ceux qui sont pour ou contre l'indépendance du Québec.

(APPLAUDISSEMENTS)

Donc, dans cette question, il y a la souveraineté et il y a tout le reste. Le reste, c'est une nouvelle entente. C'est l'égalité des peuples. C'est en même temps une association économique. C'est une même monnaie. C'est un changement par un autre référendum. C'est un mandat de négocier.

Et on sait bien ce qu'ils font, les regrattiers du OUI. Ils s'en vont chercher tous ceux qui vont dire OUI à une nouvelle entente. OUI à l'égalité des peuples. OUI en même temps à une association. OUI en même temps à une même monnaie. OUI à un deuxième référendum. OUI à un simple mandat de négocier.

C'est à ces OUI par fierté, à ces OUI par incompréhension de la question, c'est à ces OUI pour augmenter le pouvoir de négociation, c'est à ces indécis qui titubent sur le bord du OUI que je m'adresse ici ce soir, parce qu'il faut se demander: qu'est-ce qui va arriver dans le cas d'un OUI, comme dans le cas d'un NON?

Et, c'est à ces indécis, à ces OUI par fierté, c'est à ces OUI fatigués et tannés qu'il faut, dans ces derniers jours, s'adresser.

Alors, voyons ça. Les gouvernements du Canada, le gouvernement de toutes les provinces se sont déjà exprimés clairement. Si la réponse à la question référendaire est NON, nous avons tous dit que ce NON sera interprété comme un mandat pour changer la Constitution, pour renouveler le fédéralisme.

(APPLAUDISSEMENTS)

Ce n'est pas moi qui le dis tout seul. Ce n'est pas monsieur Clark. Ce n'est pas monsieur Broadbent. Ce n'est pas seulement les neuf premiers ministres des autres provinces. Ce sont les soixante-quinze députés élus par cette province pour aller les représenter à Ottawa qui disent: *un NON, ça veut dire du changement.* Et je sais parce que je leur en ai parlé ce matin à ces députés, je sais que je peux prendre l'engagement le plus solennel qu'à la suite d'un NON, nous allons mettre en marche immédiatement le mécanisme de renouvellement de la Constitution et nous n'arrêterons pas avant que ça soit fait.

(APPLAUDISSEMENTS)

Si je m'adresse solennellement à tous les Canadiens des autres provinces, nous mettons notre tête en jeu, nous, députés québécois, parce que nous disons aux Québécois de voter NON, et nous vous disons à vous des autres provinces que nous n'accepterons pas ensuite que ce NON soit interprété par vous comme une indication que tout va bien, puis que tout peu rester comme c'était auparavant.

Nous voulons du changement, nous mettons nos sièges en jeu pour avoir du changement.

(APPLAUDISSEMENTS)

Voilà donc notre attitude dans le cas du NON.

Mais, monsieur Lévesque m'a demandé: *Mais, quelle sera votre attitude dans le cas où la population québécoise réponde majoritairement OUI?*

Je l'ai déjà donnée cette réponse. Je l'ai donnée au Parlement. Je l'ai donnée ici à Montréal, à Québec. Je la répète ce soir: *Si la réponse au référendum était OUI, j'ai dit carrément en Chambre, à la Chambre des communes, où je le recevrai poliment comme il m'a toujours reçu d'ailleurs à Québec, et je lui dirai: il y a deux portes. Si vous frappez à la porte de la souveraineté-association, il n'y a pas de négociation possible.*

(APPLAUDISSEMENTS)

Il n'y a pas de négociation, parce que voyez-vous, monsieur Lévesque, l'Association, ça prend au moins une autre personne pour s'associer. Puis, on sait que toutes les autres provinces, que tout le reste du Canada, que tous les partis à la Chambre des communes ont dit: NON à l'Association.

(APPLAUDISSEMENTS)

Monsieur Lévesque continue de répéter: *Puis la démocratie, qu'est-ce que vous en faites si le peuple québécois votait majoritairement OUI? Est-ce que vous ne seriez pas obligés par les lois de la démocratie de négocier?*

(DANS LA SALLE : NON)

Mais non! C'est comme si je disais à monsieur Lévesque: *La population de Terre-Neuve vient de voter à 100 pour 100 de renégocier le contrat d'électricité avec le Québec. Vous êtes bien obligés, au nom de la démocratie, de respecter la volonté de Terre-Neuve, NON?*

C'est clair que ça ne marche pas ce raisonnement-là.

(APPLAUDISSEMENTS)

La démocratie peut exprimer le vœu des Québécois, mais ça ne peut pas lier les autres à vouloir faire, ceux qui n'ont pas voté dans les autres provinces, à vouloir faire ce que les Québécois décident.

Alors, ce raisonnement, monsieur Lévesque, il n'y aura pas d'association.

Maintenant, si vous voulez parler, si vous voulez parler de souveraineté, laissez-moi vous dire que vous n'avez pas de mandat pour négocier la souveraineté, parce que vous n'avez pas demandé, purement et simplement, aux Québécois s'ils voulaient la souveraineté.

Vous avez dit: Voulez-vous la souveraineté à condition d'avoir en même temps l'association?

Comme il n'y a pas d'association, vous n'avez pas la clef pour ouvrir cette porte, et moi non plus.

(APPLAUDISSEMENTS)

Moi non plus, je n'ai pas de mandat, parce que, voyez-vous, nous venons d'être élus le 18 février, il n'y a pas deux mois de ça, nous venons d'être élus en force par la province de Québec, précisément pour faire des lois pour la province de Québec.

Alors, demandez-moi pas de ne pas en faire, demandez-moi pas de donner plein pouvoir au Québec.

(APPLAUDISSEMENTS)

Par contre, si monsieur Lévesque, par miracle, c'est le cas de le dire, frappait à l'autre porte et disait: *J'ai un mandat pour négocier, je voudrais négocier un fédéralisme renouvelé,* la porte serait grande ouverte. Je lui dirais: *Ce n'était pas la peine de tenir un référendum pour ça, mais puisque vous voulez ça, c'est ça que vous voulez négocier, entrez.*

Voyons si vraiment c'est possible que monsieur Lévesque dise ça, parce que, qu'est-ce que les tenants du OUI disent? Les tenants du OUI disent, et je l'ai demandé à monsieur Lévesque il y a une quinzaine de jours: *Qu'est-ce que vous ferez si la population vote majoritairement NON? Qu'est-ce que vous direz à ce moment-là? Est-ce que vous respecterez la volonté populaire ou est-ce que vous allez prétendre qu'un NON n'a pas la même valeur qu'un OUI et qu'un NON ne compte pas pour le moment mais qu'on fera d'autres référendums pour voir?*

J'ai demandé ça à monsieur Lévesque et voici ce qu'il a répondu: *Nous ne sommes pas pour refuser des graines d'autonomie pour le Québec, mais nous continuerons à tourner en rond.*

Monsieur Lévesque, même si la population du Québec vote NON, comme je pense qu'elle va voter NON...

(APPLAUDISSEMENTS)

... n'allez-vous pas dire que c'est votre devoir puisque le peuple a rejeté la souveraineté et l'association, n'est-il pas de votre devoir d'être un bon gouvernement et d'empêcher le *statu quo* que vous blâmez tant et de vous joindre à nous pour changer cette Constitution?

Monsieur Lévesque nous a dit: *On va continuer de tourner en rond.*

Eh bien, ça, ça devrait éclairer tous les OUI pour augmenter le *bargaining power,* tous les OUI par fierté, tous les OUI parce qu'ils sont tannés.

Si monsieur Lévesque ne veut pas de fédéralisme renouvelé, même quand le peuple vote NON, c'est clair que si le peuple vote OUI, il va dire: *Pas question de fédéralisme renouvelé.*

Et moi, je dirai: *Pas question de souveraineté-association.*

(APPLAUDISSEMENTS)

Ce qui veut dire que nous sommes dans une impasse et que ceux qui votent OUI doivent le savoir dès maintenant que le OUI va conduire soit à l'indépendance pure et simple, soit au *statu quo,* c'est ça l'option du OUI: l'indépendance du Québec, la séparation du Québec, ou alors le *statu quo,* pas de changement, parce que monsieur Lévesque refuse de négocier.

C'est ça qu'il faut dire aux tenants du OUI: si vous voulez l'indépendance, si vous votez OUI, vous n'aurez pas l'indépendance parce que vous l'avez faite conditionnelle à l'association, conditionnelle à faire en même temps l'association.

Si vous voulez l'association, votre OUI ne signifie rien, parce qu'il ne lie pas les autres provinces qui refusent à s'associer avec vous. Et si vous votez OUI pour le renouvellement de la fédération, votre OUI sera perdu également, parce que monsieur Lévesque va continuer de tourner en rond.

Alors, c'est ça, voyez-vous, c'est ça l'impasse où cette question ambiguë, cette question équivoque nous a plongés, et c'est ça que les gens qui vont dire OUI par fierté, c'est à ça qu'ils doivent penser.

OUI par fierté veut dire qu'on soumet son avenir à la volonté des autres qui vont dire NON, pas d'association, et puis notre OUI fier, on va être obligé de le ravaler.

Et puis ceux qui disent OUI pour en finir, OUI pour sortir, OUI pour débloquer les négociations, ils se font dire dans la question même qu'il y aura un deuxième référendum, et puis peut-être un troisième, et puis peut-être un quatrième. Et c'est ça mes amis, c'est ça que nous reprochons surtout au gouvernement péquiste, ce n'est pas d'avoir voulu l'indépendance, c'est une option que nous rejetons et que nous combattons franchement.

Mais ce que nous reprochons au gouvernement péquiste, c'est de ne pas avoir eu le courage de poser la question: OUI OU NON, L'INDÉPENDANCE?

(APPLAUDISSEMENTS)

OUI OU NON?

(APPLAUDISSEMENTS)

Vous le savez, vous, les militants du NON, vous savez les divisions que cause cette période référendaire. Vous le savez, le partage à l'intérieur d'une même famille.

Vous savez les haines entre voisins que cela crée. Vous savez l'écartèlement que ça produit entre générations. Vous savez cette longue méfiance qui durera longtemps entre les tenants du OUI et les tenants du NON.

Vous savez ce que c'est que l'épreuve référendaire. Eh bien, vous vous faites dire par le gouvernement péquiste qu'il y en aura d'autres référendums et que cette haine, cet écartèlement, ce gaspillage immense d'énergies de la province de Québec, ça va continuer avec cette question. Eh bien, nous disons NON à cela. NON, ça ne va pas continuer.

(APPLAUDISSEMENTS)

Voici un parti qui était autrefois séparatiste, qui était autrefois indépendantiste, qui est ensuite devenu seulement souverainiste et ensuite pour la souveraineté-association, puis ensuite même par la souveraineté-association, ce n'est rien que pour négocier. Voici un parti qui, au nom de la fierté, a dit aux Québécois: "Tenez-vous debout, nous allons avancer sur la scène du monde pour nous affirmer."

Et voici que ce parti, au moment de s'avancer sur la scène du monde, il a le trac et puis il reste dans les coulisses. C'est ça la fierté? C'est ça un parti qui nous dit que ça va recommencer si la réponse est OUI, qu'il y aura un autre référendum?

Eh bien, c'est ça que nous reprochons au Parti québécois: c'est de ne pas avoir eu le courage de poser une question claire, une question à laquelle un peuple mûr aurait pu répondre, la question bien simple: VOULEZ-VOUS SORTIR DU CANADA, OUI OU NON?

NON!

(APPLAUDISSEMENTS)

Eh bien, c'est parce qu'il savait, le Parti québécois, que la réponse de la grande majorité des Québécois à la question: VOULEZ-VOUS CESSER D'ÊTRE CANADIENS? La réponse aurait été NON, et c'est pour cela qu'il a raté son entrée sur la scène du monde.

Eh bien, nous le savons, il y a une réponse claire, il y a une réponse non ambiguë et cette réponse, c'est: NON! Cette réponse, c'est NON à ceux qui veulent, comme le disait, je pense, Camil Samson, nous enlever notre héritage et l'enlever à nos enfants.

C'est NON à ceux qui prêchent la séparation plutôt que le partage, à ceux qui prêchent l'isolement plutôt que la fraternité, à ceux qui prêchent, au fond, l'orgueil plutôt que l'amour, puisque l'amour est fait de défis et d'unions et d'aller rechercher les autres et de travailler avec eux pour bâtir un monde meilleur.

(APPLAUDISSEMENTS)

Alors, il faut dire, indépendamment même de toute question alambiquée, il faut dire NON à l'ambiguïté. Il faut dire NON aux subterfuges. Il faut dire NON au mépris, parce que c'est là qu'ils en sont rendus.

On me disait que monsieur Lévesque, pas plus tard qu'il y a deux jours, disait que dans mon nom il y a Elliott et puis Elliott, c'est le côté anglais et ça explique que je suis pour le NON, parce que, au fond, voyez-vous, je ne suis pas un Québécois comme ceux qui vont voter OUI.

Et bien, c'est ça, le mépris, mes chers amis, c'est de dire qu'il y a différentes sortes de Québécois, c'est dire que les Québécois du NON ne sont pas d'aussi bons Québécois et puis ont peut-être un petit peu de sang étranger, alors que les gens du OUI ont du sang pur dans les veines. C'est ça le mépris et c'est ça la division qui se crée chez un peuple et c'est ça à quoi nous disons NON.

(APPLAUDISSEMENTS)

Bien sûr, mon nom est Pierre Elliott Trudeau. Oui, Elliott, c'était le nom de ma mère, voyez-vous. C'était le nom des Elliott qui sont venus au Canada il y a plus de deux cents ans. C'est le nom des Elliott qui se sont installés à Saint-Gabriel de Brandon où vous pouvez encore voir leurs tombes au cimetière, il y a plus de cent ans, c'est ça les Elliott.

Et puis mon nom est québécois, mon nom est canadien aussi, et puis c'est ça mon nom.

(APPLAUDISSEMENTS)

Laissez-moi vous dire le ridicule dans lequel cette sorte d'argumentation méprisante de monsieur Lévesque tombe, puisqu'il choisit de qualifier mon nom.

Monsieur Pierre-Marc Johnson, c'est pourtant un ministre. Johnson, c'est-tu un nom anglais ou un nom français?

Et puis Louis O'Neil, son ancien ministre, et puis Robert Burns, et puis Daniel Johnson, c'étaient-tu des Québécois, oui ou non?

Et puis si vous regardez les noms, je voyais dans le journal d'hier, que le président des Inuit québécois, les Esquimaux, ils vont voter NON eux autres. Bien, savez-vous son nom? C'est Charlie Watt. Ce n'est pas un Québécois? Ils sont là depuis l'âge de pierre, ils sont là depuis l'âge de pierre. Ce n'est pas un Québécois, monsieur Watt?

(APPLAUDISSEMENTS)

Et puis d'après le journal d'hier, le chef de la bande des Micmacs, à Restigouche, quinze cents (1500) Indiens, son nom à lui: Ron Maloney. Ce n'est pas un Québécois? Ça fait rien que deux mille ans qu'ils sont là, les Indiens. Ce n'est pas un Québécois?

Mes chers amis, Laurier disait quelque chose en 1889, il y a presque cent ans, qu'il vaut la peine de lire, ces quatre lignes:

Nos compatriotes, disait Laurier, *ne sont pas seulement ceux dans les veines de qui coule le sang de la France. Ce sont tous ceux, quelle que soit leur race ou leur langue, tous ceux que le sort de la guerre, les accidents de la fortune, ou leur propre choix ont amenés parmi nous.*

Tous les Québécois ont le droit de voter OUI ou NON comme le disait madame De Santis. Et tous ces NON sont aussi valables que n'importe quel OUI, peu importe la couleur de la peau ou le nom de celui qui vote.

(APPLAUDISSEMENTS)

Mes chers amis, les péquistes nous disent souvent: *Le monde nous regarde, sachons nous tenir debout; le monde nous regarde, le monde entier surveille ce qui se passe dans notre démocratie; montrons-leur notre fierté.*

Eh bien, je viens de recevoir le dernier dépliant, paraît-il, qui viendra du comité du OUI. Vous irez le chercher quelque part. Je vous le conseille. C'est un document historique.

(RIRES)

C'est un document historique parce que dans tout ce dépliant, on trouve des expressions comme: NÉGOCIER SÉRIEUSEMENT; UN PROJET QUÉBÉCOIS; UN MEILLEUR CONTRAT AVEC LE RESTE DU CANADA; UNE ASSOCIATION D'ÉGAL À ÉGAL; LES NÉGOCIATIONS; UN AUTRE RÉFÉRENDUM.

On ne trouve pas une seule fois — non seulement on ne trouve pas le mot SÉPARATISTE; on ne trouve pas le mot INDÉPENDANTISTE — on ne trouve pas le mot SOUVERAINISTE; on ne trouve même pas une seule fois: LA souveraineté-association.

Ça, c'est la fierté!

Ça, c'est tromper le peuple. Et je ne sais pas ce que dira l'histoire de ceux qui ont manqué de courage devant ce tournant historique, mais je sais qu'ils seront sévères pour ceux qui auront voulu tromper le peuple et qui disent, en ce dernier dépliant, — qui disent ceci: *Certains veulent faire croire que la question porte sur la séparation. C'est faux.*

C'est faux. Votre question parle de SOUVERAINETÉ. Branchez-vous, les gens du péquisme. Dites-nous-les donc vos vraies couleurs: êtes-vous pour l'indépendance?

(DANS LA SALLE: NON)

NON. Nous sommes contre l'indépendance. Le monde nous regarde, bien sûr. Le monde va nous regarder un peu étonné, je vous l'avoue — because in today's world...

(APPLAUDISSEMENTS)

... you see, things are unstable, to say the least. The parameters are changing, to use a big word. And that means that there is fire and blood in the Middle-East, in

Afghanistan, in Iran, in Vietnam: that means that there is inflation which is crippling the free economy; that means that there is division in the world; that means that there is perhaps a third of the human race which goes to bed hungry every night, because there is not enough food and not enough medicine to keep the children in good health.

And that world is looking at Canada, the second largest country in the world, one of the richest, perhaps the second richest country in the world ...

(APPLAUDISSEMENTS)

... a country which is composed of the meeting of the two most outstanding cultures of the western world: the French and the English, added to by all the other cultures coming from every corner of Europe and every corner of the world. And this is what the world is looking at with astonishment, saying: *These people think they might split up today when the whole world is interdependent? When Europe is trying to seek some kind of political union? These people in Québec and in Canada want to split it up? they want to take it away from their children? They want to break it down?*

(DANS LA SALLE: NON)

NO. That's what I'm answering.

(APPLAUDISSEMENTS — NON, NON, NON)

I quoted Laurier, and let me quote a father of Confederation who was an illustrious Quebecer: Thomas D'Arcy McGee: *The new nationality* — he was saying — *is thoughtful and true; nationalist preferences, but universal in its sympathies; a nationality of the spirit, for there is a new duty which especially belongs to Canada to create a state and to originate a history which the world will not willingly let die.*

Well, we won't let it die. Our answer is: NO, to those who would kill it.

(APPLAUDISSEMENTS)

Il y a un devoir disait D'Arcy McGee, *un devoir qui incombe spécialement aux Canadiens de faire survivre un État et de produire une histoire que l'humanité ne voudra pas facilement laisser mourir.*

Eh bien, nous ne laisserons pas mourir ce pays, ce Canada, cette terre de nos aïeux, ce Canada qui est véritablement, comme le dit notre hymne national: *la terre de nos aïeux.* Nous allons dire à ceux qui veulent nous faire cesser d'être Canadiens, nous allons dire immensément NON.

(NON — APPLAUDISSEMENTS)

NOTES

1. Voici le texte anglais extrait de la Déclaration d'Indépendance des États-Unis: "... a decent respect (for) the opinion of mankind requires that they should declare the causes which impel them to separation ... Prudence indeed will dictate that governments long established should not be changed for light and transient causes ... But when a long rain of abuses ... evince a design to reduce them under absolute despotism, it is their right, it is their duty to throw off such government."

2. D'après Aristote, "... Les hommes désirent vivre ensemble, pas tellement parce que leurs intérêts communs les unissent, mais dans la mesure où, en se groupant, chacun individuellement peut atteindre une certaine mesure de bien-être." (*La Politique*, livre 3, ch. VI, ligne 20).

Et Montesquieu écrivait "... La liberté politique dans (sic) un citoyen est cette tranquillité d'esprit qui provient de l'opinion que chacun a de sa sûreté; et pour qu'on ait cette liberté il faut que le gouvernement soit tel qu'un citoyen ne puisse pas craindre un autre citoyen. (*L'Esprit des lois*, livre 11, ch. VI, p. 164, Édition Garnier, 1943).

Rousseau préconisait qu'il fallait "... trouver une forme d'association qui défende et protège de toute la force commune la personne et les biens de chaque associé, et par laquelle chacun s'unissant à tous n'obéisse pourtant qu'à lui-même et reste aussi libre qu'auparavant" (*Le Contrat Social,* livre I ch. VI, p. 91, Éditions Montaigne, 1943).

La Déclaration d'Indépendance des États-Unis dit: "Nous tenons que sont évidentes d'elles-mêmes les vérités suivantes: que tous les hommes sont créés égaux; que le Créateur les a dotés de certains droits inaliénables dont la vie, la liberté, et la recherche du bonheur. Que pour obtenir ces droits, les hommes forment des gouvernements dont l'autorité dépend du consentement des citoyens."

La Charte promulguée par l'Assemblée nationale du Québec en 1976 indique très clairement qu'elle a été rédigée pour protéger **le droit de l'individu** de jouir de sa liberté et "... assurer sa protection et son épanouissement ... Le respect de l'être humain et la reconnaissance des droits et libertés dont il est titulaire constituent le fondement de la justice et de la paix ... Tout être humain a droit à la vie ainsi qu'à la sûreté, à l'intégrité et à la liberté de sa personne ... Toute personne est titulaire des libertés fondamentales telles que la liberté de conscience, la liberté de religion, la liberté d'opinion, la liberté d'expression, la liberté de réunion pacifique et la liberté d'association ... Toute personne a droit à la sauvegarde de sa dignité, de son honneur et de sa réputation ... La Charte lie la Couronne ..."

3. Sir Walter Besant, *London in the 18th Century,* p. 386.

4. Jean Jaurès, *Histoire socialiste de la Révolution française,* v. 8, p.110.

5. Jean Jaurès, *Ibid.,* pp. 68 et 69.

6. Henri Sée, *Les Conditions économiques et sociales en France au XVIIIe siècle,* p. 148.

7.   Henri Martin, *Histoire de France*, volume XV, p. 533.

8.   Pour le texte complet du Traité de Paris, voir les *Documents relatifs à l'histoire constitutionnelle du Canada*, 1759-1791, seconde édition, p. 83-98. Seul l'article 4 du Traité de Paris concerne le Canada.

9.   Ludwig Lewisohn, *Goethe, l'histoire de l'homme*, vol. 2, p. 334

10. *Documents relatifs à l'histoire constitutionnelle du Canada*, 1759-1791, p. 219.

11. *The Parliamentary Register*, vol. XXIX, p. 379-380.

12. *Ibid.*, p. 381

13. *The Morning Chronicle*, Londres, 14 mars 1791.

14. *Pourquoi je suis séparatiste*, p. 63.

15. *Ibid.*, p. 67.

16. «L'anglais, future 'lingua franca' de la Communauté?» à la p. 457 de *L'État de l'Europe* (sous la direction de François Féron et Armelle Thoraval), Éditions La Découverte, 1992.

17. *La Guerre civile*, Seuil, 1982.

18. *Le Devoir*, 6 mai 1987.